주역과 운명

차례
Contents

재앙과 행복은 자기로부터 구하지 않을 수가 없다. ……
『서경』 태갑에서 말하는 "하늘이 내려 준 재앙은 오히려 피
할 수 있으나 스스로 자초한 재앙은 다시 되돌릴 수는 없
다."고 한 것은 바로 이를 두고 한 말이다[禍福無不自己求
之者. ……太甲曰 '天作孽, 猶可違; 自作孽, 不可活.' 此之
謂也].

『孟子』 公孫丑上·3

　자 신들이여, 보라. 세상의 인간들은 얼마나 신을 원망하
는가! 화는 모두 신으로부터 온다고 그들은 말한다. 그러나
운명은 고사하고 어리석음으로 말미암아 그들 자신이 비극
을 낳고 있지 않은가!

호메로스 『오디세이아』

프롤로그 — 운명과 삶의 기예

길에서 넘어져 본 일이 있는가? 우리 발을 거는 것은 커다란 바위가 아니다. 오히려 작은 돌부리이다. 그것은 우리 삶의 길에서도 마찬가지이리라. 하지만 우리는 대개 작은 돌부리보다는 커다란 바위에 골몰하곤 한다. 그러다가 넘어지고 나서야 비로소 작은 돌부리에 눈길을 돌리게 된다. 내가 『주역』을 통해 이야기하고 싶은 것은 바로 이 작은 돌부리이다.

"털끝만 한 마음의 차이가 천리만큼이나 다른 운명을 만들어낸다[毫釐之差, 千里之繆]."라는 말이 있다. 『주역』을 이해하는 데 가장 적합한 말이다. 북경의 나비의 날갯짓이 뉴욕에서 폭풍을 일으킨다는 나비 이론을 들먹이지 않더라도 털끝만 한 마음의 미세한 떨림이 어떤 파장을 불러일으킬지는 아무도 모르는 일이다.

살다 보면 뜻하지 않은 운명의 위력에 놀라는 경우가 있다. 자신의 의지와는 무관하게 운명의 폭풍이 들이닥치곤 하는 것이다. 그럴 때 우리는 대개 그 운명에 분노하거나, 혹은 그 운명의 휘둘림에 나자빠져 일어서지도 못한 채 두려움에 빠져 나약해지곤 한다. 마음의 균형을 잃고 휘청거리게 되는 것이다. 그런데 이 운명의 폭풍은 우리 자신과는 무관한 다른 곳에서 온 것이 아니라, 나비의 날갯짓처럼 미세한 우리 마음의 떨림에서 연유한 것인지도 모른다. 마음의 사소한 움직임이 주체할 수 없는 눈덩이가 되어 우리를 짓눌러 대는지도 모른다.

그렇다고 모든 일을 스스로 자초한 것이라고, 모든 책임이 자신에게 있다고 자책할 일도 아니다. 우리 삶의 결과들이 어찌 하나의 원인으로만 설명될 수 있겠는가? 삶에는 우리가 이해하지 못하는 우연의 변수도 많은 법이다. 우주는 계속 돌아갈 뿐이고 나는 살아갈 뿐이다. 그 필연과 우연이 함께하는 황홀경의 춤을 정신 똑바로 차리고 냉정하게 바라볼 수밖에.

『주역』은 바로 길에서 넘어진 사람들의 우환과 근심으로부터 출발한다. 작은 돌부리에 걸려 넘어진 자의 비애로부터 시작한다. 그것이 『주역』이 흥성하게 된 동기이다. 삶의 현실은 그렇게 만만하거나 녹록한 것은 아니다. 선을 행한 자가 행복하지 못할 수도 있고 불선을 행한 자가 행복을 구가할 수도 있는 것이 현실이다. 선함은 현실에서 나약할 수도 있다. 아니, 언제나 나약한지도 모른다. 아니, 어쩌면 나약한 것은 선함이 아니라 그것을 현실 속에 실현하지 못하는 우리 자신인지도 모른다. 현실에 무지한 선함은 편협하거나 바보 같은 어리석음이 될 뿐이다. 『주역』이 강조하는 것은 그런 바보 같은 순진무구함이 아니다. 차라리 뱀과 같은 지혜와 사자와 같은 용기이다.

그것은 현실이 돌아가는 상황과 세력의 지형도에 대한 명확한 이해와 파악[知時識勢]이며 그것에 대한 대처 능력[德]이다. 현실 변화를 정확하게 파악하고 그 흐름의 기미와 찬스를 놓치지 말며[知幾], 그 흐름 속에서 자신을 변화시켜 현실과 효과적으로 소통될 수 있는 대처 방안[變通]으로써 최선의 이로움을 창출하는[盡利] 밝은 지혜이다.[1] 물론 이로움에 집착하여 온갖 권모술수를 쓰는 것도 정도(正道)에 어긋나는 흉한 일이지만 그 최선의 이로움을 창출하지 못하는 것도 흉한 일이다.

바로 이런 삶의 기예[德]와 땅에서 넘어지지 않는 균형 감각[時中]을 가르치는 것이 『주역』이다. 자신의 운명을 헤치고 나가 스스로 운명을 창조할 수 있는 능력을 가르치는 『주역』은 그래서 차라리 겸손하다. 운명에 대해 오만하지 않는다. 겸손하게 운명을 바라본다. 그러나 겸손하되 비굴하진 않는다. 오만하지도 그렇다고 비굴하지도 않게, 그것이 서툰 재주가 되지 않도록 조심할 일이다. 의지할 지팡이는 없다.

제1부 주역을 어떻게 읽을 것인가

내가 해 놓은 것은 단지 70퍼센트에 불과하다. 너희들은 이것을 바탕으로 다시 자신들의 삶 속에서 스스로 체득하여 얻어야 한다[伊川以易傳示門人曰, 只說得七分, 後人更須自體究].

정이천

주역의 두 얼굴, 점(占)과 학(學)

점(占)과 두려움

우리는 왜 점(占) 집을 찾아 나서는 것인가? 미래를 알고 싶은가? 왜 미래가 알고 싶은가? 두려운가, 한 치 앞도 볼 수 없으리만치 깜깜한 어둠의 두께가? 현재가 행복한 사람은 미래에 대해 그렇게 관심을 가지지 않는다. 행복이 언제까지나 이어질 것이라는 착각에 빠지는 것이 또한 인간이다.

하지만 어느 순간 불행의 웅덩이로 굴러 떨어진 사람이라면, 그 불행한 현실 속에서 불안과 분노와 두려움에 빠진 사람이라면 현실의 불안과 두려움이 미래를 보고 싶은 욕망을 충동한다. 현재의 불안을 뛰어넘어 행복이 있을지도 모를 미래로 도망가고 싶은 것이다. 그 비상구에 대한 확신을 얻고 싶은 것이다.

미래로 도망가고 싶은 충동에는 현실에 대한 분노와 원망, 그리고 불안과 두려움 가득한 나약함이 자리한다. 현실이 자신을 배반할 때, 그래서 곤경과 불행에 빠질 때 그것으로부터 달아날 길을 찾게 된다. 짙은 안개에 싸인 미래에서 뚜렷한 길이 보이기를 바라게 된다.

곤경을 겪어 본 사람은 알 것이다. 그 두려운 어둠의 무거운 두께를, 결코 뚫을 수 없을 것만 같은 그 암흑의 두께를. 그러나 제아무리 두꺼운 것일지라도 빛은 통과하는 법. 아주 미세한 빛일지라도 한 줄기가 비친다면 불행한 운명의 길잡이가 되기에는 족하다. 『주역』이란 불안과 두려움 속에서 한 줄기 빛을 갈구하는 인간의 마음이 반영된 책이다.

점역(占易)에서 학역(學易)으로

『주역』의 태생은 점으로부터 비롯되었다. 점이란 태생에서부터 인간의 의심과 두려움을 해소하고 결단하는 목적을 가지고 있었다. 역학사(易學史)에서 그 의심과 두려움을 해소하는 방식은 크게 두 가지로 구별된다. 하나는 점역 혹은 상수역(象數易)이고, 다른 하나는 학역 혹은 의리역(義理易)이다.

『주역』은 원래 제사와 점을 치는 일을 관장하는 무당[巫]과 사관(史官)들이 점을 치는 일과 역사 자료, 생활 경험에서 우러나온 지혜가 담긴 기록들이었다. 이러한 기록들이 역사적 변화와 사상적 발전에 따라 그 의미가 증폭되고 재해석되는 과정을 겪는다. 이러한 『주역』의 변화 과정에서 중요한 문제는 '우주 운행의 변화'와 '인간과 역사의 변화'라는 두 가지였다. 우주 운행의 변화에 대한 관심은 우주론적인 체계를 구성하는 쪽으로 기울어졌고, 인간과 역사의 변화에 대한 관심은 인간의 행위와 역사를 만들어 내는 인간의 능력[德]과 역사적 정의[義]에 대한 문제로 기울어졌다.

전자의 관점이 극단적으로 발달한 것이 바로 한대(漢代)의 상수역학(象數易學)이다. 한대 상수학에서는 괘상(卦象)의 배열과 음양오행, 12간지(干支) 등과 결합하여 자연의 변화를 이해하는 방법을 고안했고, 이러한 방식을 통하여 자연의 변화와 이상 현상[災異]이 나타내는 조짐들을 점치고 예측했다.

그러나 이러한 관찰과 예측은 자연현상에 대한 과학적 관심이라기보다는 국가의 통치 방식과 관련된 문제였고, 동시에 왕권의 견제력으로도 작용했다. 그러나 한대의 상수학이 이룬 우주론적 체계와 이해방식이 매우 지리하고 복잡한 체계를 이루면서 삶의 역사 속에서 의미와 기능을 상실했다는 점이다.

이러한 번잡한 독해 방식을 일소에 제거한 사람이 바로 의리역의 효시라 칭하는 위진(魏晉) 시대의 왕필(王弼)[2]이다. 왕필의 『주역』 해석 방식은 너무나도 유명한 "삶의 의미를 파악했다면 괘가 나타내는 상징은 잊어버려라[得意忘象]."는 말로 압축된다. 그는 한대 상수학에서 말하는 복잡하고 지루한 괘상의 상징과 변화에 집착하여 번잡한 방식으로 이해할 것이 아니라 그 상징 자체가 가지고 있는 역사와 사회 속에서의 삶의 의미를 깨달아야 한다는 점을 강조한 것이다.

왕필은 『주역』으로부터 어떤 우주론적 체계나 미래를 예측할 수 있는 술수, 혹은 재난이나 자연의 이상 현상[災異]을 통해 인간의 삶을 예측하는 방식을 구했던 것이 아니다. 그는 괘상(卦象)을 하나의 구체적 현실 상황으로 독해했고 괘(卦)의 한 효(爻)를 괘가 상징하는 상황 속에서 어떻게 적합한 행위를 할 것인가를 드러내는 상징으로 독해했다.[3] 그래서 『주역』에 나타난 상징들은 현실의 사회·정치적 상황과 연관해서 이해된다.

이런 상수학과 의리학의 대립은 송대(宋代)에 다른 버전으로 반복된다. 상수학적인 독해 방식은 송대의 소강절에서 볼 수 있다. 현대의 관점에서 보면 상수학은 지극히 미신적인 측면을 가지고 있다고 볼 수 있지만, 그 당시 상수학은 우주적 질서를 수(數)로 접근하여 전체의 질서를 수량화하고 체계화할 수 있다고 생각했을 것이다.

『주역』을 수로 접근하는 경향은 현대적 의미로 말하면 객관적인 우주적 질서를 체계화하고 도식화하며 수량화하여 미래를 예측하는 학문이었다. 이런 점에서 소강절의 학문체계는 우주에서 일어나는 다양한 변화 현상의 패턴을 설명하고, 그 패턴이 현상적으로 드러나는 상징의 체계들을 구축하려고 했다.

이런 점에서 상수학에서 말하는 미래 예측은 비합리적이고 초이성적인 미신 행위라기보다는 매우 합리적인 근거를 가진 미래 예측이며 우주론이라고 볼 수 있다. 이 점은 현대적으로 말하면 과학적 사고가 되며 자연과학에 해당하는 것인지도 모른다. 물론 현대 과학적 입장에서 보면 허무맹랑한 것으로 보일 수가 있다. 하지만 그것도 하나의 유사 과학이다.

송대의 의리역은 구체적인 현실 속에서 실천의 측면으로서, 인간에게, 특히 지식인들에게 자신이 처한 상황을 대처할 수 있는 실천적 지침(practical guides)을 내려 줄 수 있는 의미와 원리가 담겨 있는 문헌으로 보았다. 이것은 정이천(程伊川)[4]에게서 꽃을 피운다.

정이천은 『주역』을 그 당시 지식인들이 행위 하는 모든 것의 도덕적 측면에 대하여, 그리고 사회·정치적 상황 속에서 가장 적합한 행위의 방향에 대해 충고를 하는 문헌으로 사용한다. 그래서 정이천에게서 점이란 결정된 숙명을 예측하는 것이 아니라 주어진 상황 속에서 최선의 가치를 창출해 내는 실천적 결단의 행위였다. 그 결단의 지침서가 바로 『주역』이었다.

정이천의 이러한 의리학적 해석에 대해서 구체적인 역사적 인물을 거론하면서 예증하는 사람이 바로 성재(誠齋) 양만리(楊萬里)[5]이다. 양만리는 구체적인 역사적 인물의 예를 들면서 각각의 괘효에 나타난 삶의 도리를 설명하고 있다. 양만리는 『주역』을 인간사의 변화와 인간 마음의 변화를 읽는 책으로 보고, 인간사의 득실과 사회의 흥망의 변화 그리고 인간 마음의 변화를 밝히는 것을 목적으로 한다.

삶의 이야기[人事]가 담긴 의리역

위에서 나열한 왕필과 정이천, 그리고 양만리가 의리역의 대표자이다. 『주역』에 관한 의리역학자들의 관심은 어떤 우주론적인 체계와 변화 과정의 이해보다는 사회와 역사 속에서 행위하고 실천하는 인간의 길흉(吉凶)과 그러한 길흉을 만들어 내는 마음의 변화와 움직임에 대한 이해였다.

그것을 왕필은 "삶의 의미를 파악하면 괘가 나타내는 상징은 잊어버려라[得意忘象]."는 말로 표현하였고, 이천은 『주역』을 "정치권에 나아가거나 물러서는 문제와 마음이 유지되거나 없어지는 문제에 대한 도리[進退存亡之道]"를 밝힌 책으로 규정하고 있다. 이는 모두 구체적인 사회·역사 속에서의 인간 삶의 도리에 관한 실천적인 지향을 가지고 있음을 말해 준다. 양만리는 자신의 『성재역전 誠齋易傳』 '자서(自序)'에서 『주역』의 도리를 이렇게 밝히고 있다.

『주역』이란 무엇인가? 역이라는 말은 바로 변화를 말한다. 『주역』이란 성인들이 사회·역사 속에서 변통(變通)을 실천했던 일들에 대한 기록이다. ……배우는 자는 모름지기 삶 속에서 변통의 방식을 알고자 한다. 그러나 어디에서 변

통의 방식을 아는가? 도(道)에서 안다. 어디에서 그러한 도
를 아는가? 현실적 균형[中]으로부터 파악한다. 어디에서 그
러한 현실적 균형을 아는가? 올바름[正]에서 안다. 어디에서
그 올바름을 아는가? 현실의 변화[易] 속에서 안다. 어디에
서 그러한 변화를 아는가? 그것은 우리의 마음[心]속에서 안
다.[6]

양만리에게도 『주역』은 현실 속에서 자신의 변화를 통해
타인과 사회 속에서 소통되고 효과를 발휘할 수 있는 행위들
[變通]이 기록된 실천적 지침서로서의 문헌이었다. 그러한 변
통의 행위는 현실 속에서 균형을 이루는 것이지만 그것은 단
순한 타협이나 현실 추종이 아니라 올바름을 견지한 균형이
다. 그러나 그 올바름은 현실에서 유리된 추상적인 원칙이 아
니라 구체적인 현실의 변화에 근거하며 그 변화에 참여하고
있는 인간의 마음속에서 구해야 하는 것이다.

『주역』은 이러한 요소들이 담긴 문헌이며, 성인들이 역사
와 사회 속에서 실천했던 모습들과 마음들의 변화가 드러난
기록이다. 그렇기 때문에 의리역학자들은 『주역』을 통하여 현
실의 변화에 대한 파악과 그 속에서의 변통의 방식, 그리고 그
것을 가능케 하는 마음의 움직임을 독해해 냈다.

그런 점에서 『주역』은 지나온 삶의 역사와 그래서 우리가
살고 있으며 살 수 밖에 없는 생생한 삶의 현실에 대한 기록
이며, 그것을 통하여 인간의 마음을 깨닫고, 그 깨달음을 통하

여 구체적인 현실 속에서 실천할 수 있는 지침을 파악하는 '삶의 실천적 지혜서'였다. 때문에 『주역』은 '자신의 마음을 닦는 경전[洗心經]'이라고 불리기도 한다.

지금 우리에게 『주역』이 의미 있는 경전의 내용으로 다가올 수 있는 부분은 상수역학의 체계에서 어떤 신비한 우주적 질서의 비의(祕義)를 찾아내는 것이 아니라, 바로 인간 마음의 변화와 근원에 대한 통찰과 그것으로 현실을 살아 내는 삶의 기예[德]에 관한 지혜를 말해 주는 의리역학자들의 독해 방식이다.

괘효와 상징

현실 상황을 드러내는 괘(卦)의 상징

『주역』은 64괘와 그와 관련된 '전(傳)'이라 불리는 문헌으로 이루어졌다. 64괘는 3획괘(예를 들어 건☰과 곤☷)7)가 중첩되어 이루어졌다. 결국 음과 양의 6효가 착종 배열된 것이다. 그리고 괘는 괘의 명칭인 괘명(卦名), 괘의 이미지인 괘상(卦象), 괘와 효의 의미들을 드러내는 말들인 괘효사(卦爻辭)로 구성되어 있다. 괘상(卦象)이란 음효--와 양효—가 착종되어 6획괘를 이룬 것을 말한다. 음효와 양효가 6자리[位]에 착종되어 나타날 수 있는 경우의 수는 64개이므로 총 64개의 괘가 되는 것이다.

예를 들면 『주역』의 첫 번째 괘는 건(乾)괘이다. 괘의 이미지인 괘상은 건괘가 위에 또 건괘가 아래에(乾☰上 乾☰下) 중첩된 모습이고 괘의 이름이 건(乾)이며 "크게 형통할 것이니 곧아야 이롭다[元亨利貞]."라는 괘사(卦辭)가 붙어 있다. 6획의 효에도 각 효사(爻辭)가 붙어 있는데, 첫 번째 효[初九]는 "잠긴 용이니, 사용하지 말라[潛龍勿用]."이다. 괘사는 괘 전체의 의미를 설명하는 것이고 효사는 괘를 구성하는 6효 하나하나에 대한 의미를 설명하는 것이다.

이러한 구조로 이루어진 괘가 64개가 있고 그에 해당하는 효가 364개가 있다. 이것을 설명하는 주석서로서 단전(彖傳), 상전(象傳), 문언전(文言傳), 계사전(繫辭傳), 서괘전(序卦傳) 등 10개가 있는데, 이것을 '열 개의 날개'라 하여 '십익(十翼)'이라고 한다. 이것이 우리가 지금 보고 있는 『주역』이라는 경전(經傳)의 모습이다.

물론 음과 양이 착종된 괘의 배치와 배열 구조와 그 흐름들, 그리고 거기에 달린 괘효사들에 담긴 상징적 내용들을 어떻게 이해하고 해석하는가가 문제이다. 이러한 것들을 의리학자들은 사회와 역사 속에서 살아가는 인간의 삶의 다양한 모습이 드러난 상징들로 이해했다. 64괘는 인간의 사회·정치적 상황들을 드러내는 상징이다.

예를 들면, 54번째 괘인 귀매(歸妹)괘는 여자가 시집가는 것을 말한다. 이는 천지의 음양이 교감하고 교합하는 상황을 상징하면서 여자가 남자에게 시집가는 것을 상징한다. 그러나 여기서 말하는 남자와 여자는 사회·정치적으로 군주와 신하

또는 사대부를 말하고, 그래서 그들이 군주를 대하는 대응 방식 혹은 심리적인 태도와 관련지어 이해되고 있다.

이렇게 의리역학자들은 『주역』의 64괘를 모두 인간의 사회 속에서 일어나는 상황들을 드러내는 상징으로 해석했다. 그것은 그들이 『주역』을 사회·정치적 맥락 속에서 군주와 신하 그리고 사대부들의 권력 관계와, 그들의 미묘한 심리적 상태와, 그것들이 만들어 내는 길흉의 운명을 읽어 내는 문헌으로 이용하고 있다는 점을 말해 준다.

개인의 행위 방식을 드러내는 효(爻)의 상징

『주역』에서 괘가 전체적 상황을 상징한다면, 그러한 전체 상황 속에서 각기 다른 다양한 위치에 있는 사람들의 정황을 상징하는 것이 효(爻)이다.[8] 사회·정치적 맥락과 상황 속에서 한 개인이 처한 정황과 그 속에서 취할 수 있는 어떤 이상적인 행위 방식을 드러낸다.

예를 들면, 위에서 말한 건괘의 첫 번째 효[初九]의 효사는 "잠긴 용이니 사용하지 말라[潛龍, 勿用]."이다. 여기서 잠긴 용이라는 것은 그 효의 상황을 상징하는 이미지[象]이다. 용은 대인(大人)의 덕과 능력을 지닌 사람을, 물 아래에 잠겨 있다는 것은 아직 사회·정치적 역량과 권력이 미약함을 상징한다. 그러한 상황 판단 아래 자신의 능력을 함부로 사용하지 말라는 주의를 내리고 있다. 하나의 이미지[象]와 그것에 대한 어떤 판단[占]을 내리고 있다. 이것이 어떤 상황 아래에서의 이 상적인 행위 방향을 드러내는 것이다.

또 귀매괘의 네 번째 효(九四)의 효사는 "누이동생을 시집 보내는데 날짜를 미루니, 늦게 시집가는 것은 때가 있기 때문이다[歸妹愆期, 遲歸有時]."라고 되어 있다. 여기서도 시집가는 날짜를 미루는 것이 하나의 상황을 드러내고, 날짜를 미루면서 자신에게 적합한 시기[時]를 기다리는 것이 이상적인 행위 방식임을 말한다. 위에서도 말했듯이 귀매괘는 여자가 남자에게 시집가는 상황을 상징하지만, 여기서 말하는 여자란 신하와 사대부를, 남자란 군주를 말한다. 즉, 군주에게 함부로 나아가지 않는 신중함을 보이는 태도를 말하는 것이다.

이와는 달리 경거망동하게 군주의 사랑과 인정을 구걸하는 모습을 상징하는 것은 31번째 괘인 함괘(咸卦)의 두 번째 효 [六二]이다. 함괘는 음양이 교감하는 상황을 상징한다. 두 번째 효의 효사는 "교감함이 장딴지와 같으니 흉하다. 머물러 있는 것이 길하다[咸其腓, 凶, 居吉]."이다. 여기서 말하는 장딴지는 걸음을 걸을 때, 발이 나가기 전에 먼저 꿈틀거리는 속성을 가지고 있다. 그것은 먼저 함부로 행동하는 경솔함을 상징한다. 즉, 군주의 사랑과 인정을 받고자 하는 조급함 때문에 경거망동하게 행동하는 모습을 상징한다. 그렇기 때문에 흉한 것이다. 차라리 마음의 안정을 취하고 자중하며 머물러서 때를 기다리는 것이 정치권에 나아가고 물러서는 도리[進退之道]를 얻는 것이다.

정이천은 귀매괘 네 번째 효[九四]에 대해서 자공이 아름다운 옥[美玉]을 가지고 있을 때, 그것을 그냥 간직하겠는가, 아니면 상인에게 팔겠는가[售]라는 질문에 대해 공자가 좋은 상인을 기다린다고 답한 것과 관련해서,[9] "스스로 때를 기다리는 것이지 팔지[售] 않는 것은 아니다. 좋은 짝을 얻은 후에 행한다."[10]라고 주석을 달고 있는 것처럼, 군자가 좋은 군주를 기다리는 마음으로 해석하고 있는 것이다.

이렇게 효사의 내용은 괘의 전체적인 상황 속에서 하나의 특수한 경우를 상징한다. 그리고 그것은 당시 구체적인 현실을 반영하는 내용으로, 군주와 사대부의 관계와 관련하여 의리학자들은 이해하고 있다.

괘의 구조와 삶의 구조

여기서 괘가 상징하는 상황[事]이란 의리역학자들에게 있어 하나의 사회·정치적 삶의 현실이다. 그것은 사회·정치권에서의 권력장(權力場)이라고 말할 수 있다. 이 권력장에 등장하는 주요 배우는 군주와 정치권 내의 관료, 그리고 정치권 밖의 지식인이다. 거기엔 그들 마음의 움직임들이 드러난다. 그리고 그 권력장 속에서 서로의 견제와 균형이 이루어지는 방식들이 표현되고 있다.

이 상황이란 넓게 말하면 괘가 상징하는 64개의 전체적 상황이고, 좁게 말하면 효가 상징하는 384효의 특수한 상황이다.

그러나 이 64괘의 상징들이 우리의 삶과 우주의 모든 상황을 완벽하게 아우르지는 못한다. 64괘와 386효는 현실 상황과 도식적으로 대입되는 것이 아니다. 현실의 상황이 무한한 가능성을 잠재하고 있는 유동적이고 연속적인 흐름이듯이 64괘 또한 유동적인 가능성을 잠재하고 있다. 이러한 점을 정이천은 다음과 같이 지적한다.

> 한 효 사이에는 항상 수많은 의미가 함축되어 있지만 성인은 그 가운데서 가장 중요한 것만을 취하여 효사(爻辭)를 삼았다.[11]

각각의 효가 단지 384개의 상황만을 드러내는 것이 아니라, 거기에는 언어로 드러내지 못한[言不盡意] 더 많은 다양한 역동적인 상황이 잠재되고 암시되어 있다는 말이다. 이는 도식화할 수 없을 정도로 다양하고 복잡한 층위와 변화의 역동성이 잠재되어 있는 우리의 삶과 그리 다르지 않다. 그것은 상황의 흐름이며 연속이다.

현실의 삶의 구조는 변화의 흐름 속에 있다. 괘효의 구조 또한 그러한 흐름 속에서 이해되어야지 단순한 도식적 틀 속에서 이해될 수는 없다. 그 속에는 수많은 갈림길의 역동성들이 잠재해 있다. 따라서 그 흐름의 시세를 파악하고[知時識勢] 순간의 기미와 기회를 포착하여[知幾], 그 구조의 어떤 위치와 상황에 함축된 잠재적 가능성 속에서 자신에게 합당한 행위 방향[義]을 취해 실천해 나가는 것이 필요하다. 그러한 실천을 통하여 또 다른 가능성들이 창조된다. 따라서 그것을 실천하는 사람은 필연에 이끌려 수동적으로 행위 하는 것이 아니라, 오히려 각자가 처한 상황과 자신의 능력과 지위에 합당하고 적절한 행위 방식을 선택할 수 있다.

하지만 말은 쉬운 법이다. 그렇게 실천하기란 쉽지 않다. 그래서 『주역』은 이 불완전하고 상처 많은 사람들을 위한 하나의 지침서 역할을 한다. 결국 현실의 구조와 유사한 괘효에서 그 실천적 지침을 찾을 수 있다. 『주역』은 현실의 변화와 인간 마음의 변화를 읽어 낼 수 있는 경전이며, 현실 속에서의 『주역』의 이해는 곧 인간이 살아가는 삶의 모습을 이해하는 것일 뿐이다.

『주역』의 상징과 언어를 통하여 의미를 이해하는 것은 바로 우리 삶의 실존적 경험을 통해서이다. 그래서 정이천은 『주역』의 괘효사로부터 의미를 이해하는 것은 인간 자신에게 달려 있다[由辭以得意, 則有乎人焉]고 한다.[12] 『주역』의 의미는 자신의 실존적 상황과 경험 속에서 체득하고 실천해야만 한다는 메시지이다. 정이천은 죽기 바로 전에 문인들에게 자신의 『역전』을 주면서 이렇게 말했다.

내가 해 놓은 것은 단지 70퍼센트에 불과하다. 너희들은 이것을 바탕으로 다시 자신들의 삶 속에서 스스로 체득하여 얻어야 한다.[13]

삶의 현실을 드러내는 주역 읽기

괘효를 이해하는 요소들 - 꿈·끼·깡·꾀·끈

『주역』의 64괘 384효가 모두 현실의 어떤 상황을 상징[象] 하고 그 상황에 적합한 행위 방향을 지시[占]한다고 했다. 그렇다면 어떻게 괘효로부터 현실 상황의 복잡성과 다양성, 그리고 그 속에서 적합한 방향을 읽어 낼 수 있을까?

이렇게 역으로 질문해 볼 수 있다. 우리는 현실 상황의 복잡성과 다양성을 어떤 요소를 근거로 읽어 낼 수 있는가? 나는 가끔 수업 시간에 학생들에게 질문하곤 한다, 지금 현재 자신의 '꼴'을 만드는 쌍기역(ㄲ)으로 시작하는 외글자 다섯 개를 말해 보라고. 학생들은 처음에는 당황하지만 쉽게 맞춘다.

"꿈, 끼, 깡, 꾀……?" 나머지 하나를 맞추는 경우는 없었다. 그것은 한국적 상황에서는 매우 중요한 것이라는 힌트를 주어도 소용이 없었다. 그것은 바로 '끈'이다.

그러나 놀랍게도 『주역』을 독해하는 요소들 가운데 가장 대표적인 것들인 때[時], 각 효들의 위치[位], 효들의 자질과 능력[才, 德], 그리고 각각의 효들의 관계[應比][14]들이 자신의 꼴을 형성하는 요소와도 잘 맞아떨어진다.

먼저 '끼'는 기(氣)로서 인간의 선천적 자질[才]을 말한다. 선천적 자질이면서 동시에 후천적으로 계발되고 학습된 능력[德][15]이기도 하다. 자신의 독특한 자질의 경향성과 능력의 한계에 대해서 스스로 파악하지 못한다면, 즉 자신을 이해하지 못한다면 자신의 꼴이 우습게 되지 않겠는가?

이 자질과 능력을 상징하는 것이 괘에서는 음과 양이라는 각각의 효이다. 괘에서의 음양(陰陽) 혹은 강유(剛柔)는 어떤 상황에 놓인 개인의 경향성과 능력을 상징한다. 괘가 이것을 상징하는 각각의 음양의 효가 착종되어 이루어졌듯이 인간 사회도 다양한 종류의 인간들이 착종되어 이루어진 것이 아닌가? 물론 그 착종과 배열이 인간의 자의적 선택은 아니다.

그렇기 때문에 이 음양의 착종과 배열 구조의 파악이 중요하다. 그것이 곧 '끈'이다. 끈은 곧 인간의 위치와 관계를 말한다. 인간은 사회 속에서 어떤 위치를 점유하고 관계를 맺으면서 그렇게 얽히고설켜서 산다. 이 인간의 얽히고설킴을 괘에서는 음양의 착종과 배열로 상징한다. 그리고 그것은 음양 각각의 지위와 위치[位]¹⁶⁾로 표현되고, 그 음양의 관계로서 서로 대응하는 것[應]과 위 아래로 나란히 관계하는 것[比]으로 표현된다.¹⁷⁾ 또한 음양의 각각 효의 위치와 그것이 다른 효와 어떻게 관계를 맺고 있는지를 상징한다. 이 관계들은 팽팽한 권력의 긴장 속에 있다.

이렇게 볼 때, 괘 자체가 음양이 배열된 위치와 서로 관계를 맺고 있는 지형 구조를 상징한다. 이는 마치 우리 사회에서 어떤 자질[才]과 능력[德]을 가지고 있는 인간이 처하고 있는 사회·정치적 위치[位], 그리고 타자와 관계를 맺고 있는 지형 구조[應比]를 드러내는 것과도 동일하다.

그러나 이 위치와 관계 지형 구조는 고정된 것이 아니라 언제나 유동적인 변화의 과정 속에 있고 무수한 잠재적 가능성을 함축하고 있다. 우리의 삶의 구조가 끊임없는 흐름 속에 무한한 변화의 가능성을 잠재하고 있는 것과 동일하듯이 말이다. 그것이 바로 때[時], 즉 시간적 변화의 과정 속에 있는 점이다. 그것은 음양의 사라지고 자라남과 차고 빔[消息盈虛]의 과정이며 어떤 사건의 시작과 끝[終始]의 과정을 나타낸다.¹⁸⁾

그렇다면 전체적으로 괘라는 것은 각각의 음양이 변화하는 시간적 흐름 속에서 특정한 위치와 관계 지형을 가지고 있는 상황이며, 그러한 상황은 끊임없이 변화의 가능성이 잠재하고 있는 것이다. 그 흐름 속에서 여러 가지 잠재된 변화의 가능성 가운데 하나를 지향하고 선택하게 된다.

그 음양의 관계 구조와 흐름 속에 잠재된 다양한 갈림길의 가능성 가운데 하나를 선택하는 것을 '꿈'이라고 말할 수 있다. 꿈이란 '이(理)상'이다. 이상이란 현실과 유리되어 있는 것이 아니라 구체적인 현실의 음양의 변화 속에 잠재해 있다. 현실과 유리된 이상을 꿈꾸는 것은 꿈이 아니라 망상이며 그것은 현실로부터의 도피일 뿐이다. 꿈이 한밤의 꿈이 되지 않기 위해서는 실현 가능한 꿈을 꾸어야 한다. 현실 속에 그럴 리(理)가 있는 것을 파악하고 실천해야 한다. 그럴 리가 없는 꿈을 꾼다는 것은 망상이다.

무한한 변화의 현실 속에는 수많은 갈래들로서의 가능성들의 이치[條理]들이 잠재해 있다. 잠재된 이치 가운데 자신의 한계와 상황에 적합하고 합당한 최선의 것을 실현하는 것이 바로 인간의 몫이다. 그것을 능동적으로 실현하여 현실화하지 못한다면 그것은 시간의 흐름 속으로 스러져 갈 뿐이다. 여기에 『주역』이 자신의 운명을 능동적으로 실현해 내는 적극적인 창조성을 중시하는 이유가 있다.

그러면 현실의 흐름 속에 잠재된 최상의 이치를 어떻게 실현해 내는가? 여기에 '꾀'가 요구된다. 꾀라면 매우 부정적인 뉘앙스로 다가오지만 그것은 자신의 경향성과 능력의 한계에 대한 파악, 주변의 관계 구조, 현실의 시세(時勢) 변화와 흐름 등의 모든 것을 모두 파악했을 때 나올 수 있다. 꾀는 그냥 나오는 것이 아니다. 이 모든 것을 냉정하게 파악하고 판단했을 때에야 가능하다. 그런 의미에서 그것은 삶의 실천적 지혜[智]이다.

그러나 이것만으로는 부족하다. '깡'이 필요하다. 깡은 용기[勇]이다. 삶의 지혜로서의 꾀를 통하여 모든 의심과 두려움이 해소되고 결단을 내릴 수 있게 된다. 그러고는 의심도 두려움도 없이 용기 있게 실천해 나가는 깡이 필요하다. 깡을 통해 자신의 잠재된 운명은 현실로 드러나게 된다.

이 모든 요소들이 삶을 살아가는 데, 그리고 자신의 꼴을 만드는 데 중요한 요소로 작용하듯이, 『주역』 속에서도 이러한 요소들이 작용하고 있으며, 그렇기 때문에 그런 내용을 독해해 낼 수 있는 것이다. 무리한 비교인지는 모르지만 다음과 같은 요소들을 구성할 수 있다.

먼저 끼[才]와 관련하여 인간의 선천적인 경향성과 감정의 흐름과 변화를 이끌어 낼 수 있다. 『주역』의 괘 속에는 한 인간이 어떤 상황에 처하여 그 상황에서 어떤 감정적 변화를 갖게 되는지를 독해해 낼 수 있기 때문이다. 감정론이다.

꿈[理]과 관련하여 음양이라는 기(氣)의 운동 원리 혹은 힘들의 운동 원리들을 이끌어 낼 수 있다. 괘 자체가 이미 음양의 상관적 관계와 변화를 상징하기 때문이다. 음양의 운동론이다. 끈[應比]과 관련하여 인간의 상호 관계성과 권력 관계를 이끌어 낼 수 있다. 권력 관계론이며 권력 균형론이다.

그리고 이러한 것을 총체적으로 파악하여 꾀[智]와 관련하여 하나의 전략을 이끌어 낼 수 있다. 이를 통해 최상의 상태를 창출한다. 하나의 전략론이라 할 수 있다.

이상의 요소들은 『주역』을 현실과 관련하여 독해했을 때

이끌어 낼 수 있는 요소들이다. 하지만 이러한 모든 요소들은 하나의 삶의 지혜와 실천적 요소이다. 그래서 『주역』은 인간이 살아가는 삶의 이야기들과 그 삶 속에서 일어나는 삶의 지혜와 실천들이 담겨 있는 문헌일 수밖에 없다.

천역(天易)·죽역(竹易)·인역(人易)

『주역』은 바로 이러한 삶의 기예, 즉 덕행(德行)의 기록들이요 지침서였다. 때문에 「계사전」에서는 이 삶을 살아가는 기예로서의 덕행(德行)이 『주역』의 마지막 결론이라고 말하고 있다.

세상의 복잡하고 다양한 삶의 모습을 지극하게 담아 낸 것은 괘(卦)이고 세상 사람들의 행위들을 고무시키는 것은 효(爻)에 있다. ……이러한 것들을 신묘하게 드러내어 밝히는 것은 바로 사람에게 달려 있고[存乎其人], 그것을 말없이 이루어 내며 말을 하지 않아도 신뢰할 수 있는 것은 오직 삶의 기예를 이룬 행위에 달려 있다[存乎德行].19)

『주역』은 결국 인간이 삶을 살아가는 데 필요한 덕행을 기르는 내용을 담고 있다. 양만리는 이 구절에 대한 주석에서 『주역』을 천역(天易)과 죽역(竹易), 그리고 인역(人易)으로 구분한다. 양만리가 말하는 천역은 자연 그 자체의 변화를 말하며, 죽역은 그것이 상징화된 체계를 말하며, 인역이란 그것을 통하여 구체적인 사회와 역사 속에서 행위 하는 인간의 실천성을 의미한다. 자연의 변화와 그 변화를 재현한 상징과 그 상징을 통하여 다시 삶의 현실 속에서 살아가는 인간의 실천 행위이다.

결국 『주역』의 도리란 천역에 있는 것도 아니요, 죽역에 있는 것도 아니며, 바로 인역에 있다고 양만리는 말하고 있다. 그래서 고대의 성인들이 이 『주역』을 사용했던 도리는 오직 일신의 덕행[一身之德行]에 있다고 한다.[20] 양만리가 말하는 인역(人易)이란 삶을 이해하고 그 현실을 살아가는 인간 자체를 강조하는 것이며, 인간의 실천 행위와 그 운명의 창조성을 말하는 것이다. 그런 의미에서 『주역』은 인간과 현실을 이해하는 방편이자 거울이다. 그것을 통하여 결단하고 실천하는 힘을 얻는다. 『주역』에는 다양한 상황에 처한 인간이 살아 움직이고 있고, 그들의 감정적 변화와 심리적 갈등을 읽을 수 있다. 그리고 그것을 통하여 우리는 마음속의 작은 돌부리들을 발견하게 된다. 『주역』은 우리 삶의 거울이었던 것이다. 문제는 우리의 상상력이다.

그렇다면 『주역』에 담긴 가장 핵심적인 이야기들을 살펴보기로 하자. 그것은 우리를 불안과 두려움에 빠지게 만드는 곤경으로부터 시작해야 할 것이 아닌가? 곤경에 처했을 때 어떤 마음과 행위를 취해야 할 것인가?

제2부 주역의 괘효에
나타난 이야기

  하늘이 나에게 중대한 임무를 내려 주시기 전에 먼저 반
드시 나의 마음과 뜻을 괴롭게 하고, 나의 뼈와 근육을 힘들
게 하며, 나의 몸과 살을 주리게 하고, 나의 몸을 궁핍하게
하여 하고자 하는 일을 어렵고 힘들게 만들어서 나의 마음
과 본성을 단련시켜 내가 하지 못했던 역량들을 더욱 증진
시켜 준다[故天將降大任於是人也, 必先苦其心志, 勞其筋骨,
餓其體膚, 空乏其身, 行拂亂其所爲, 所以動心忍性, 曾益其
所不能].

『孟子』告子下·15

곤괘(困卦) – 곤경에 처한 공자

곤경에 처한 공자

예수도 40일간 광야를 헤매면서 고난의 시간을 겪었고, 부처도 보리수나무 아래에서 기나긴 고난을 겪고 나서 큰 깨달음을 얻었다. 그렇다면 공자는? 물론이다. 공자도 곤경을 겪은 적이 있었다. 그렇다면 공자는 자신이 겪은 곤경으로부터 무엇을 깨달았을까?

공자가 겪은 이 곤경에 관한 기록은 여러 저작에 다른 버전으로 나타난다.[21] 그 가운데 유향이 지은 『설원 說苑』에 기록된 것을 보자.

공자가 진(陳)·채(蔡)의 국경 근처에서 곤경에 빠져 양식마저 떨어지고 제자들이 배를 곯고 있을 때였다. 그런데도 공자는 두 기둥 사이에서 노래를 부르고 있었다. 이에 자로(子路)가 불평을 털어놓았다.

"선생님께서는 지금 이 지경에서도 노래를 부르시니 그것도 예입니까?"

공자는 대답하지 않고 노래를 다 마친 다음에 말했다.

"유(由)야! 군자가 음악을 좋아하는 것은 교만[驕]을 없애기 위함이며, 소인이 음악을 좋아하는 것은 두려움을 없애기 위함이다. 누가 이런 깊은 뜻을 알겠는가? 나의 마음을 이해하지 못하면서 나를 따라다녀 무슨 소용이 있겠는가?"

……며칠이 지난 후 그 곤경으로부터 벗어나게 되었다. 자공(子貢)이 수레 고삐를 잡고 수레를 몰면서 말했다.

"친구들이여! 선생님을 따르다가 이러한 어려움에 빠졌으니 어찌 이 일을 잊을 수 있겠는가!"

그러자 공자가 말했다.

"그게 무슨 말인가! 옛말에 '팔을 세 번 꺾어 보아야 좋은 의사[良醫]가 될 수 있다.'고 이르지 않았더냐. 이 진채지간(陳蔡之間)의 일은 나에게 불행이 아니라 오히려 큰 다행이었다. 그렇다면 너희들도 나를 따랐으니 모두 행복한 사람들이다.

내가 듣기로 군주가 된 자가 곤경에 처해 보지 않으면 왕도를 이룰 수 없고 뜻을 가진 선비가 곤경을 겪어 보지 않으면 그의 뜻을 이룰 수 없다고 했다.

……따라서 곤경이 도(道)를 낳는 일은 찬 것이 따뜻한 것을 낳고 따뜻한 것이 찬 것을 낳게 하는 이치와 같다. 오직 지혜로운 자만이 이를 알 뿐이며, 쉽사리 말로 표현하기에는 어려운 점이 많다.

역(易)에서 '곤경은 형통할 수 있다. 곧은 신념과 올바름을 지키고 대인(大人)이라면 길하고 허물이 없다. 그러나 쓸데없이 불평불만과 변명의 언사를 늘어놓는다면 신뢰가 떨어질 뿐이다[易曰, 困, 亨, 貞, 大人, 吉, 無咎. 有言不信].'라고 했으니, 바로 성인이 타인에게 말해 주고 싶어도 말해 주기가 어려운 삶의 이치이니, 정말 맞는 말이다."22)

공자가 말한 '쉽사리 말로 표현하기 어려운 점'은 무엇이었으며 '성인이 타인에게 말해 주고 싶어도 말해 주기 어려운 것'이란 또 무엇이었을까? 차마 말하지 못할 어떤 속내가 있었던 것일까? 공자는 그 어려운 지경에 왜 거문고를 켜면서 노래를 불렀던 것일까?

공자는 혹시나 운명의 잔혹함에 비애를 느꼈던 걸까? 혹 자기 마음속 깊은 곳에 똬리를 틀고 있다가 결국 자신을 곤경에 빠뜨린 자신의 오만과, 곤경에 처해서 떠는 자신의 두려움이라는 미세하지만 작은 마음의 돌부리를 들여다본 것은 아닐까? 혹시나 천하를 위한 자신의 뜻과 노력을 알아주지 않는 세상에 대하여, 자신의 뜻을 실천한 결과로 기껏 곤경에 처하게 된 자신의 처지에 대하여 분노하고 원망하지는 않았을까?

그래서 거문고를 끼고 앉아 마음을 달랬던 것은 아닐까? 의문
투성이이다.

곤경을 상징하는 곤괘

만감이 교차하는 순간 공자는 거문고를 들고서 노래를 불
렀다. 그때 공자의 마음속에서 무슨 일이 일어났는지 알 수가
없다. 모를 일이다. 그 복잡하게 요동하는 인간의 마음이란 정
말 모를 일이다. 곤경에 처해본 자, 짐작할 뿐이다.

그러나 분명한 것은 공자는 그 곤경을 불행이 아닌 다행[幸]
으로 여기고 있으며, 그 일을 계기로 새롭게 그의 역정을 시작
했다는 점이다. 그리고 『주역』의 한 구절로 그 상황을 빗대고
있다. 공자가 다행으로 여긴 것은 무엇일까? 그가 언급한 『주
역』의 곤괘(困卦) 한 구절은 무슨 의미일까?

곤괘는 『주역』의 47번째 괘이다. 택수곤(澤水困)이라고 한
다. 연못을 상징하는 태괘(兌☱)가 위[外卦]에, 물을 상징하는
감괘(坎☵)가 아래[內卦]에 놓여 이루어진 괘(兌☱上 坎☵下)
이다. 상징적으로 태괘가 상징하는 연못 아래에 감괘가 상징
하는 물이 놓여 있는 이미지이니 연못에 물이 빠져 메마른 상
태이다. 곤란한 일이다. 이 곤경을 상징하는 괘가 곤괘이다.
곤괘의 괘사(卦辭)는 이러하다.

곤경에 처했지만 형통할 수 있는 가능성은 많다. 올바르

고 곧은 뜻을 굳게 지켜 나가야 하지만 편협해서는 안 되니, 포용력 있는 대인의 도량을 발휘해야 길하고 허물이 없을 수 있다. 불평불만과 변명을 일삼는다면 신뢰가 떨어져 일을 그르친다[困, 亨, 貞, 大人, 吉, 无咎. 有言不信].

지극히 간단하며 풍부한 내용을 함축한 말이다. 그러나 쉽게 현실적인 느낌으로 다가오지는 않는다. 문제는 상상력이다. 간단한 말에 삶의 무궁한 이야기들이 잠재해 있다. 곤경에 처해 본 일이 있는 자, 고개를 끄덕일지도 모를 일이다.

'곤경에 처하면 형통하다[困, 亨]'라는 괘사에 대해서 왕필의 해석은 낙관적이다. 곤경에 처한 사람은 반드시 형통하다고 하면서 형통할 수 없는 사람은 군자가 아니라 소인일 뿐이라고 한다.[23] 과연 그럴까? 정말 '반드시' 형통할 수는 있는 것일까? 혹은 군자라면 반드시 형통할 수가 있는 것인가? 세상일에 반드시라고 기필할 수 있는 일은 얼마나 될까? 왕필은 세상을 지나치게 낙관적으로 본 것인지도 모른다. 그는 너무 어려서 인생의 쓴맛을 알기에는 세월의 두께가 너무 얇았던 것인지도 모른다. 그리고 왕필은 또한 곤경에 빠졌을 때 '모략'이 필요하다고 말한다.[24]

양만리는 이러한 왕필의 견해에 반박하고 있다. 단순히 왕필의 말만 믿고서 자신이 처한 어려운 환경에 안주하여 거친 음식을 맛나다고 하거나 누추한 곳을 즐겁고 편하다고 여긴다면[25] 이것은 아큐의 정신적 승리로서의 자기 기만일 수 있다.

자신을 군자라고 착각하는 자기 합리화의 오만을 양만리는 지적한다. 그것은 자기 합리화에 의한 자기 위안일 수 있으며, 또한 자기 기만일 뿐이다. 그렇다고 단지 그 곤경에서 벗어나기 위해 모략하는 것은 비굴한 일이다.

그래서 양만리가 지적하는 것은 바로 마음의 문제이다. 형통한 것은 곤경으로부터 벗어났기 때문에 형통한 것이 아니라, 고난의 상황에서 몸이 힘들어도 마음은 기쁨을 유지하고 있기 때문에 형통한 것이다. 그러한 기쁨은 어떻게 가능한가? 올바른 뜻을 굳게 지키고 있기[貞] 때문이다. 하지만 그러한 자기 고집의 절개는 자신의 곤란한 현실을 무시하거나 외면하는 무관심과 편협함은 아니다. 현실과 적절하게 관계하는 균형 감각이다.

곤(困)괘 괘사에서 "올바르고 곧은 뜻을 굳게 지켜 나가야 하지만 편협해서는 안 되니, 포용력 있는 대인의 도량을 발휘해야 길하고 허물이 없을 수 있다[貞, 大人, 吉, 無咎]."고 했다. 이 부분에 대해 단사(彖辭)는 "정대인길, 이강중(貞大人吉, 以剛中)"이라고 설명한다. 여기서 말하는 강중(剛中)이 바로 자신의 뜻을 굳게 실천하면서도 편협하지 않고 현실과 적절하게 균형을 이룰 수 있는 대인(大人)의 균형 감각을 말한다.

현실 속에서의 균형 감각

자신에게 닥친 운명을 술수와 모략으로 벗어난다는 것은 요행을 바라는 일이다. 자기 기만도 아니요 비굴도 아닌 균형 감각은 심리적인 안정감 속에서 다음을 준비하는 것과 같다. 분노하지도 않고 요행을 바라지도 않는 균형 감각이다.

그러나 균형 감각은 자신을 바르게 하는 태도[正己]가 전제되어야 한다. 균형 감각이란 섣부른 현실과의 타협이 아니다. 자신이 처한 곤경에 대해서 하늘을 탓하지 않고 타인을 탓하지 않는다. 현실을 인정하고 받아들이면서도 결코 올바름을 놓치지 않는다. 정이천은 이러한 맥락에서 곤괘에서 가져야 할 적합한 행위의 방식을 '낙천안의(樂天安義)'라는 말로 표현한다. 이 말은 주어진 어쩔 수 없는 운명을 받아들여 사랑할 줄 알되 자신에게 합당한 일을 심리적인 갈등과 불안 없이 실천한다는 의미이다.

곤괘 괘사(卦辭)에서도 분노에 가득한 불평불만을 털어놓거나 두려움에 차서 변명을 일삼는 행위는 신뢰를 떨어뜨려 일을 그르칠 뿐 이로울 것이 없다[有言不信]는 경계의 말로 끝을 맺는다. 엄살도 변명도 구차스럽기만 할 뿐이다. 오직 자신을 바르게 하고 올바른 뜻을 굳게 지켜 나갈 뿐이다. 이 균형 감각을 『중용』에서는 이렇게 표현한다.

군자는 자신의 위치와 지위에 합당한 것만을 행위 하지, 외부의 도움을 바라는 마음이 없다. ……어려움에 처했으면 그 어려운 상황에 합당한 것을 행한다. 그래서 군자는 어느 상황과 위치에 처하든 심리적인 균형 감각을 잃은 적이 없다. ……오직 자신을 바르게 하고 타인으로부터 구차하게

도움을 구하지 않기 때문에 원망할 것이 없다. 위로는 하늘
에 분노하지 않고 아래로는 타인들을 탓하지도 않는다. 그
래서 군자는 자신의 상황에 심리적 안정감을 이루고 자신에
게 합당한 운명을 기다릴 뿐이지만 소인은 위험을 감행하여
자신에게 합당하지 않은 것에 대하여 요행을 바란다.[26)]

자신을 바르게 하고 올바른 뜻을 굳게 지켜 나가는 것은 매
우 중요한 일이지만 그 자신의 신념에 대한 굳은 의지가 현실
의 조건과 상황을 무시한 채 지나치게 날카롭게 되면 편협하
게 될 수도 있다. 편협한 마음으로 세상을 원망하고 분노하게
되는 것이다.

더불어 자신의 신념만을 지나치게 강요한다는 것은 다른
사람의 질시를 사게 되어 고립을 자초하게 된다. 정(貞)은 올
바름[正]이라는 뜻도 함유하지만 그것을 지켜 나가는 지조와
절개와도 관련이 있다. 지조와 절개도 균형 감각 없이 고집스
럽고 강직하기만 하면 편협할 수도 있다. 그래서 흉할 수도 있
다. 맑은 물에는 고기가 모이지 않는다고 했지 않는가?

절괘^(節卦) – 속 좁은 백이

절개를 상징하는 절괘

지조와 절개도 균형 감각이 없으면 흉할 수도 있음을 60번째 괘인 절괘(節卦)에서도 경계해 주고 있다. 절괘의 괘상도 곤괘의 괘상과 연관이 깊다. 절괘를 수택절(水澤節)이라고 읽는다. 이 괘는 물을 상징하는 감괘(坎☵)가 위[外卦]에, 연못을 상징하는 태괘(兌☱)가 아래[內卦]에 놓여 이루어진 괘(坎☵上 兌☱下)이다. 연못에 물이 하나도 없이 말라 버린 것이 곤괘의 이미지라면, 연못에 물이 들어차 있는 것이 절괘의 이미지이다. 이는 택수곤(澤水困)의 곤괘(困卦)와 뒤바뀐 상이다. 우연일까?

연못에 물이 들어차 있으나 연못의 용량에는 한도[限]가 있을 수밖에 없다. 그 한도를 넘으면 물을 받아들일 수가 없다. 물이 넘친다. 과도한 것이다. 절도를 넘어서는 것이다. 이 절괘의 괘사가 바로 "고절, 불가정(苦節, 不可貞)"이다. "괴롭고 힘든[苦] 절개라면 올바를 수[貞] 없다."는 말이다. 자신의 한도를 넘어서서 현실을 감당하지 못한 채, 힘들게 지켜 나가는 지조와 절개는 굳게 오래 지속될 수도 없고, 그렇기 때문에 올바를 수 없다는 의미이다.

이 절괘의 여섯 번째 효[上六]가 이 고절(苦節)을 상징하는 효이다. 효사(爻辭)는 다음과 같다. "괴롭고 힘든 절개이니 올바르더라도 흉하다. 그러나 후회는 사라진다[苦節, 貞凶, 悔亡]." 여기서 주목할 것은 정흉(貞凶)이라는 표현이다. 흉하다니? 그렇다. 올바르더라도 흉할 수가 있다. 올바른 것이 항시 올바른 것이 아니며, 올바르다고 항시 좋은 것은 아니다. 중요한 것은 균형 감각이다.

이 "올바르더라도 흉하다. 그러나 후회는 사라진다."는 구절에 대해 왕필은 이 힘겨운 절개를 고집하면서 사람들을 대할 때 그것이 올바를지라도 사람들이 그것을 감당하지 못하여 결과적으로 흉한 상황이 초래될 수 있음을 경고하고 있다.[27] 올바른 이상일지라도 사람들에게 감당하기 힘들 때는 올바르지 못한 결과를 낳을 수도 있다.

진리나 이상이 현실적 상황을 떠나 관념적일 수는 없다. 또한 세상 사람들에게 용인되거나 인정받지 못하는 감당하기 힘든 진리나 이상도 흉한 결과를 낳을 수 있다. 왕필은 세상 사람들에게 인정받지 못하고 함께하지 못하는 고상하고 고고한 듯한 독선을 부정했다. 그렇게 세상과 조화되지 못한 후에 자신에게 남는 것은 후회뿐일지도 모른다. 그럼에도 불구하고 자신의 절개를 굳게 지키고 자신을 더욱 수양한다면 후회는 없게 될 것이라고 여운을 남긴다. 후회가 없어지는 것은 세상으로부터 인정받지 못하고 난 후에 다시 자신을 수양하면 후회는 사라진다고 풀이한다.

속 좁은 백이

양만리도 이와 유사하게 해석하고 있지만 그에겐 더 깊은 비애와 그런 인물에 대한 애정이 담겨 있다. 양만리도 세상과 타협하지 못하고 자신의 고결함만을 지킨다면 세상의 질시를 받을 수 있다는 점을 지적한다. 그러나 고결함을 지키는 사람이 흉하다는 측면보다는 그러한 태도가 세상으로부터 받을 수 있는 질시와 부정을 염려하고 있다. 고결한 지조가 세상으로부터 외면당하는 현실에 대해서 안타까워하는 것이다. 그리고 그러한 예로 백이의 협애함[隘]을 들고 있다.[28]

그러나 양만리는 백이의 협애함에 대해 질타하는 것이 아니다. 오히려 이렇게 고결한 사람들이 인정받지 못하는 세상에 대해 탄식한다. 선행(善行)을 한 사람은 반드시 복을 받고 악행(惡行)은 반드시 화를 입는 것도 아니다. 양만리는 이러한 현실에서 비애를 느낀다.

　　그러나 세상 사람들이 그 힘겨운 절개를 괴롭게 여겨 질
시하지만, 자신은 그 힘겨운 절개를 스스로 감내하고서 세
상에 대해 원한을 품거나 원망하지 않으며 슬퍼하거나 나약
해지지 않는다면 또 무엇을 후회하겠는가! 그러나 성인은
그 사람을 안쓰럽게 생각하여 흉하다고 깊게 경계해 준 것
이다. ……오호라! 상육(上六)에 나타난 삶의 모습은 사람들
로 하여금 비애에 젖게 하는구나!29)

　　하늘은 말이 없다. 선을 행해도 왕왕 그 보답을 내려 주지
않는다. 선한 사람의 불행을 하소연할 곳은 없다. 누가 보답할
것인가? 반드시 선에 대한 보답을 받으리라 바라고서 그러는
것은 아니지만 선한 사람의 불행은 우리에게 비애감을 준다.
때문에 절개를 지키는 사람이 세상의 질시를 받고 나서 자신
을 수양하면 후회가 없어지는 것이 아니라, 그런 세상에 대해
원망하거나 나약해지지 않기 때문에 후회조차도 없는 것이다.
　　그러나 주목할 것은 백이의 마음을 협애하다[伯夷隘]고 평
가한 대목이다. 백이는 대인의 품격을 이루지는 못했던 것이
다. 불의에 분노하여 수양산에 들어가 굶어 죽었던 백이였지
만 어려운 현실에서 '자신을 변화시켜 효과적으로 현실에서
소통될 수 있는 방식[變通]'으로 문제를 해결할 수 있는 능력
[德]은 부족했다. 『주역』의 근본정신이 변통의 정신이 아니던

가? 정이천도 백이의 협애함을 지적하면서 현실 속에서의 변통[變通]의 도리를 갖지 못함을 비판한다.[30)

맹자는 백이를 '맑은 지조를 지켰던 성인[淸之聖]'이라고 평가하고 "군주다운 군주가 아니면 섬기지 아니하고, 친구다운 친구가 아니면 사귀지 아니하며, 나쁜 사람들이 들끓는 조정에는 서지 아니하며, 나쁜 사람과는 말조차 하지 않는" 인물로 묘사하면서 백이의 협애함을 지적한다. 그리고 군자는 그러한 태도를 본받지 않는다고 결론 내리고 있다.[31)

맹자가 말하는 성인이란 공자와 같이 주어진 상황에 적합한 방식으로 문제를 해결할 수 있는 변통의 능력을 가진 성인[時之聖]이었다. 이런 점에서 백이는 현실을 수용하고 포괄하여 자신의 태도를 자유자재로 구사할 수 있는 '균형 감각을 이룬 변통의 능력'이 부족했다.

공자가 원했던 삶의 기예[德]의 수양

다시 유향의 『설원』에 나온 공자 이야기로 돌아가 보자. 『설원』에서는 위에서 언급한 일화에 연이어 똑같은 일화가 다른 버전으로 기록되어 있다. 하지만 그곳에서의 자로가 털어놓는 불평불만과 안타까움의 내용은 앞의 것과는 달리 비감에 차 있다.

자로는 선을 행한 자가 복을 받고 옳지 못한 사람이 재앙을 받는 것이 하늘의 도인데 어째서 공자는 올바른 일에 힘쓰고 있는데도 세상으로부터 인정도 받지 못하고 이렇게 고생을 해야만 하느냐고 공자에게 불만을 털어놓고 있는 것이다.[32]

성격 급한 자로도 현실 속의 선함의 나약함과 하늘의 침묵에 대하여 분노하고 있다. 왜 이리도 지지리 궁상떨며 고생을 해야 하는가? 사마천 또한 『사기』에서 "하늘은 공평무사하여 언제나 선한 사람과 함께 한다."고 하면서, 백이숙제는 선한 사람이 아니라서 비운에 죽어 갔고, 도척은 선한 사람이라서 천수를 누렸는가, 하고 반문한다. 그리고 "과연 천도란 것이 옳은 것이냐 그른 것이냐?"[33] 하고 비분이 섞인 의문을 던진다.

사마천은 또 이러한 의문에 대한 공자의 대답을 기록하고 있다. "부귀가 추구하여 얻을 수 있는 것이라면 비록 채찍을 잡는 비천한 일이라도 하겠지만, 그렇지 못하다면 차라리 내가 좋아하는 것을 하겠다[從吾所好]."는 공자의 말을 기록하고 있다.[34] 과연 공자가 '좋아했던 일'은 무엇이었을까?

다시 유향의 『설원』으로 돌아가 보자. 그렇다면 사마천처럼 비분강개한 자로의 분노와 불만에 가득한 의문에 대하여 공자는 무엇이라고 대답했을까? 지혜로운 사람, 청렴한 사람, 충성된 사람들도 비운에 죽은 사람이 많다고 하면서 다음과 같이 답하고 있다.

그러므로 군자 중에는 널리 배우고 깊게 도모했으면서도 때를 만나지 못한 사람이 많은 법이다. 어찌 나만이 그러하겠는가? 지혜롭거나 어리석은 것은 타고난 재능[才]이고, 하고 아니하는 자유는 인간[人]에게 있고, 만나고 만나지 못하는 것은 때[時]이며, 죽고 사는 것은 운명[命]이다. 재능이 있으면서도 때를 만나지 못하면 비록 재능이 있다 해도 써볼 기회가 없다. 때를 만난다면 무엇이 어렵겠는가?

……그러므로 학자는 세상에 널리 알려지기를 위할 것이 아니며 어려운 곤경에 처했더라도 좌절하지 않고, 근심이 있어도 자신의 뜻을 나약하게 하지 않는 일에 힘써야 한다. 이렇게 해야 재앙과 행복[禍福]의 시작과 끝[終始]을 알아 미혹됨이 없어지기 때문이다. ……걸(桀)은 관룡방(關龍逢)을 죽였고, 주(紂)는 왕자 비간(比干)을 죽였다. 이때 어찌 관룡방이 무지해서 그랬겠으며, 비간이 자애롭지 않아서 그렇게 당했겠는가? 이는 걸과 주의 무도한 세상이 그를 죽게 한 것이다. 그러므로 군자는 끊임없이 배우고, 몸을 수양하고, 행동을 올바르게 하여 모름지기 때를 기다려야 한다!35)

공자는 인간의 영역을 벗어난 필연적 흐름으로서 때[時]를 말하고 있다. 또한 주목해야 할 것은 타고난 재능[才], 자신에게 주어진 모든 조건들[時], 인간이 하고 하지 않을 수 있는 영역[人], 그리고 인간이 어찌할 수 없는 죽고 사는 문제와 같은 운명[命]이다. 여기에는 묘한 대비가 있다. 죽느냐 사느냐를 결정짓는 요소들의 착종인 것이다. 여기에서 인간 자신이 선택할 수 없는 일[才, 時]과 인간이 선택하여 할 수 있는 일[人]

을 구별하여 운명을 바라보고 있다는 점이다. 그러할 때 운명이란 인간의 의지적 행위와 무관하게 선택할 수 없이 필연적으로 주어지는 것이 아니다. 오히려 그런 필연적인 흐름은 있지만 인간이 선택하여 할 수 있는 영역을 통하여 운명을 만들어 가는 일에 주목하고 있다는 점이다.

타고난 재능[才], 이것은 나면서부터 타고난 조건이므로 인간이 할 수 있는 영역 밖에 있다. 또한 자신에게 매순간 주어진 조건들, 그 시세(時勢)적 조건 또한 그렇다. 그러나 이것만으로 죽느냐 사느냐의 자신의 운명이 결정되지는 않는다. 인간에게는 자신의 운명에 대하여 인간이 할 수 있는 영역[人]이 있다.

그것은 공자가 마지막으로 "끊임없이 배우고 자신을 수양하고 행동을 올바르게 해야" 한다고 말했을 때는 인간에게 자신의 운명을 만들어 갈 수 있는 가능한 영역을 강조한 것이다. 자신의 운명에 대하여 우리가 할 수 있는 일은 삶의 기예를 익히는 것, 곧 자신의 삶의 지혜와 능력을 기르는 일[修德]이다. 그것은 공자가 좋아했던 일이 아니었을까?

관룡방도 죽었고 비간도 죽었다. 그러나 공자는 죽지 않았다. 무도한 세상이 지혜로운 현자를 죽이는 참혹한 운명을 목도한 공자는 자신의 뜻을 펼칠 수 있는 삶의 기예를 기르면서 때를 기다리고 자신의 덕을 펼칠 수 있는 기회[時]를 창조하려 했던 것은 아닐까? 그것이 인간이 할 수 있는 최선의 영역이었다.

뜻하지 않았던 곤경에 처했을 때 세상 탓, 남 탓을 하는 것이 인지상정인지도 모른다. 곤괘 괘사(卦辭)에서도 분노에 가득한 불평불만을 털어놓거나 두려움에 차서 변명을 일삼는 행위는 신뢰를 떨어뜨려 일을 그르칠 뿐 이로울 것이 없다[有言不信]는 경계의 말로 끝을 맺는다. 다른 사람한테 울며불며 자기 입장을 변명해 봐도 마찬가지이다. 구차스럽기만 할 뿐이다. 오직 자신을 바르게 하고[正己]36) 남은 세월을 헤쳐 나갈 수 있는 삶의 기예를 쌓아 나가는 것[修德], 그리고 때를 기다리는 것이 어쩌면 인간이 할 수 있는 최선의 방책인지도 모른다. 이것이 인간이 할 수 있는 영역이며, 또 공자가 '자신이 가장 좋아하는 것'이라고 했던 것이다.

그래서인지 곤경을 상징하는 47번째의 곤괘 다음의 괘는 덕을 상징하는 48번째 괘인 정괘(井卦)이다. 『주역』이란 이렇듯 덕을 수양하는 경전이라고 해도 과언은 아니다. 덕을 수양하는 가상 시뮬레이션인 셈이다. 그러나 훈련은 훈련일 뿐. 결국 문제는 현실이고 균형 감각이다. 덕을 상징하는 정괘를 살펴보기 전에 먼저 덕의 근본을 묻지 않을 수 없다. 그 덕의 근본을 상징하는 괘는 24번째 괘인 복괘(復卦)이다.

복괘(復卦) - 끊임없이 회복하는 안연

하늘과 땅 사이에서

덕을 수양하기 이전에 그것이 서툰 삶의 기예가 되지 않기 위해서는 덕의 근본을 물어야 할 것이다. 「계사전」은 『주역』의 본질인 덕과 그것의 다양한 양상을 드러내는 괘들에 대해 다음과 같이 말한다.

역이 흥성하게 된 것은 중고 시대인가? 역을 지은 자는 삶의 비애로부터 비롯한 우환을 가지고 있었던 것일까? 그러하기 때문에[是故] 리(履)괘는 덕의 실천적 기초[德之基]를 상징하고 겸(謙)괘는 덕의 중심을 상징하며 복(復)괘는 덕의 근본[德之本]을 상징하며 항(恒)괘는 덕의 견고함을 상징하며 손(損)괘는 덕의 수양을 상징하며 익(益)괘는 덕의 넉넉한 베풂을 상징하며 곤(困)괘는 덕의 진정을 판별할 수 있는 상황을 상징하며 정(井)괘는 덕이 뿌리내린 대지를 상징하며 손(巽)괘는 덕의 오만하지 않은 자기 조절을 상징한다.[37]

그렇다. '그러하기 때문[是故]'이 아니던가? 삶의 비애로부터 비롯한 우환과 상처 때문에 삶의 기예로서의 덕이 필요하지 않았던가? 다시 절망의 나락으로 떨어지기엔 이 삶이 너무도 아름답지 않던가? 후회와 한탄은 부질없다. 한번뿐인 삶이다. 『주역』은 그렇게 삶의 기예[德]를 기르는 방식과 양상에 대한 보고서인 셈이다. 그것이 삶에 대한 변통의 정신이다.

여기서 주목할 것은 복괘와 리괘이다. 삶의 기예로서 덕은 뿌리내려 온갖 꽃을 피울 수 있는 근원으로서의 진실무망한 뿌리[復, 德之本]가 필요하다. 더불어 그 뿌리가 굳건하게 자랄 수 있는 드넓은 대지의 현실[履, 德之基]이 필요하다. 진실무망하지 못하다면 뿌리내리지 못하고, 대지를 향하는 겸손이 없다면 꽃을 피울 수 있는 터는 없다.

진실무망함의 수직적 높이와 대지의 수평적 넓이 사이에서 덕의 무궁한 변화가 생성된다[易行乎其中]. 수직적 높이만 있고 수평적 넓이가 좁다면 꺾여 넘어질 것이요, 수직적 높이는 낮고 수평적 넓이만 있다면 압사할 것이니, 조심할 일이다. 문제는 또다시 현실 속에서의 균형 감각이다. 「계사전」에는 이런 말도 있다.

　　『주역』을 통하여 성인은 덕(德)을 높이고 공업(業)을 넓힌다[崇德廣業]. 하늘과 같은 진실무망한 마음에 대한 앎은 드높이 고원하지만, 그것의 실천은 땅으로 향하여 지극히 낮게 겸손하다[知崇禮卑]. 고원한 높음은 하늘을 본받아야 하고 겸손한 낮음은 땅을 본받아야 한다. 이 하늘과 땅이 제자리를 잡으면 덕업(德業)의 변화들이 그 가운데에서 이루어진다.[38]

　위에서 말하는 지숭예비(知崇禮卑)란, 앎[知]은 하늘[天]과 같아야 하고 그것의 실천[禮]은 땅[地]과 같아야 한다는 말로 해석될 수 있다. 그러나 이것의 의미를 어떻게 이해해야 하는가? 하늘 같은 진실무망함에 대한 깨달음과 함께 그것의 회복을 통해서 자신의 덕을 쌓고, 땅의 현실에 대한 지형과 시세를 이해하고 겸손하게 따름으로써 공업을 이루는 것이다.

　하늘은 모든 만물을 예외 없이 포괄하는 공명정대한 마음을 상징한다. 따라서 앎이 하늘을 본받는다는 것은 사사로운 영역으로부터 벗어난 공명정대한 마음을 갖는다는 것이다. 공명정대한 마음은 진실무망한 마음과도 같다. 이러한 마음의 움직임을 설명하는 것이 바로 복괘(復卦)이다. 때문에 '복(復)괘는 덕의 근본[德之本]'을 상징한다. 또한 그것이 실현될 수 있는 현실을 무시할 수는 없다. 그래서 리괘(履卦)는 덕의 실천적 기초[德之基]를 상징한다.

복괘는 지뢰복(地雷復)이라고 한다. 땅을 상징하는 곤(坤☷)괘가 위에 놓이고 진(震☳)괘가 아래에 놓여 이루어진 괘(坤☷上 震☳下)이다. 다섯 음효(陰爻) 아래에 하나의 양효(陽爻)가 솟아오르는 모양으로 땅 아래 깊은 곳에서 번개가 섬광처럼 솟아오르는 이미지이다. 칠흑 같은 어둠 속에서 번개가 번쩍하고 올라오는 순간이다. 이는 절기(節氣)를 상징하는 12소식(消息)괘[39]로는 11월 동지(冬至)를 나타내듯이 차가운 한겨울의 극한에서도 따뜻한 봄기운은 싹트고 있음을 의미한다.

이는 우주론적으로 끊임없는 지속과 반복으로서 끝이 곧 새로운 시작[終則有始]이라는 자연의 회복 현상을 상징하거나 사회·정치적으로 군자의 세력이 결코 소멸되지 않고 소생한다는 점을 상징하기도 한다. 그러나 동시에 인간의 심리적 현상으로서 인간의 본래적인 생명력인 진실무망한 하늘과 같은 마음의 '회복'과 '소생'을 상징하기도 한다. 그래서 복괘 단사(彖辭)에서도 "복에서 천지의 마음을 본다[復其見天地之心]."고 했던 것이다.

천지의 마음에 대한 왕필의 해석

그러나 이 천지지심(天地之心)에 대한 왕필과 정이천의 해석은 다르다. 왕필은 다음과 같이 해석하고 있다.

복이란 근본으로 돌아감을 말한다. 천지는 근본을 마음으로 삼는다. 움직임이 모두 잦아들면 고요해진다. 그러나 고요함이 움직임과 서로 짝을 이루는 것은 아니다. 말을 다하면 침묵하게 된다. 그러나 침묵이 말과 서로 짝을 이루는 것이 아니다. 그런즉, 천지가 비록 거대하여 온갖 만물을 풍성하게 품고 번개가 치고 바람이 불어 만물의 운행이 다양하게 변화할지라도 적막하고 고요하여 지극한 무[寂然至無]가 천지의 근본이 된다. 그래서 움직임이 땅속에서 잦아들고 있는[動息地中] 복괘에서 천지의 마음이 드러난다. 만약 무(無)가 아닌 유(有)로 마음을 삼는다면 서로 다른 종류의 만물들이 함께 공존할 수 없을 것이다."40)

왕필은 복괘를 천지의 마음과 연관하여 풀이한다. 서로 다른 종류의 만물들이 함께 공존하게 하는 근본으로서의 무[寂然至無]를 상정하고, 또 그것은 만물들의 움직임과는 짝을 이룰 수 없는 근본으로의 돌아감으로 이해한다. 그 근본이 만물의 생성과 변화를 가능하게 한다. 그럴 때 복괘는 양의 움직임이 잦아들어서 완벽한 음의 고요함으로 복귀하는 순간을 상징하는 이미지가 된다.41) 그리고 그 고요함은 움직임과 짝을 이루는 것이 아니라 움직임과 분리된 근원이다.

그러나 이 고요함으로의 복귀는 인간의 덕과 관련지어 어떻게 이해될 수 있는가? 그것의 실천적 함의란 무엇인가, 하는 문제이다. 왕필은 『노자』 38장 성인의 덕을 형용하는 부분에서 성인의 정치 방식을 논한다. 그것을 복괘에서 나온 천지의 마음과 연결 지어 설명하는데, 성인의 마음을 허[虛]로 규정하면서 '자신의 사사로움의 소멸과 자아의 무화[滅其私而無其身]'를 말하고 있다.[42]

왕필은 성인이 그의 덕을 펼치는 정치 방식의 근원이 바로 허(虛)에 있다고 말한다. 적극적인 정치적 행위와 간섭을 배제하는 성왕의 무위정치를 동짓날과 연관 지어 설명하면서 허의 마음 상태는 모든 사적인 욕망의 요동을 완전하게 소멸시킨 순간의 고요함[靜]에서 드러난다고 본다.

왕필에게서 이 고요함은 바로 인간의 무욕의 상태를 의미한다. 무욕의 마음으로 사적인 의도나 미리 전제된 목적의식 없이 무위(無爲)의 정치를 행하는 것을 의미한다. 그것은 공명정대한 정치 방식을 강조하는 것이겠지만, 그것이 욕망의 소멸과 자아의 무화를 강조한다면 내적 주체의 가치 지향과 능동적 실천이 제거된 무책임한 방임주의일 수 있다.

천지의 마음에 대한 정이천의 해석

이런 점에서 이천은 다음과 같이 비판하고 있다.

이전의 유자들은 고요함[靜]을 통하여 천지의 마음을 보려 했지만, 그것은 오히려 그 고요함 속에서 일어나는 움직임의 미세한 떨림의 단서[動之端]가 곧 천지의 마음이란 점

을 이해하지 못하였기 때문이다.[43]

이천이 강조하는 것은 인간 마음의 요동들이 완전히 소멸된 적연지무(寂然之無)의 무욕의 상태가 아니다. 움직임이 멈춘 완벽한 고요함이란 현실에서는 불가능하다. 이 우주의 생명은 오직 움직임[動]만이 있을 뿐이다. 문제는 그 움직임을 어떻게 조절하는가이다. 그렇기 때문에 공명정대한 마음은 고요함으로부터 나오는 것이 아니라 오히려 마음의 요동이 잠잠해진 고요 속에서 일어나는 섬광과 같은 움직임, 그 떨림을 강조하는 것이다. 이것이 복괘의 이미지이다. 이는 천지의 마음이 드러난 것이며, 이것이야말로 실천적 덕의 근본을 이룬다.

욕망의 완전한 소멸이 아니라, 사사로운 욕망들이 잠잠해진 후에 새롭게 드러나는 생명력으로서의 욕망을 긍정하는 것이다. 그럴 때 복괘는 양(陽)의 움직임이 잦아들어 완벽한 음(陰)의 고요함으로 복귀하는 순간을 상징하는 이미지가 아니라, 오히려 음의 요동 속에서 일어나는 섬광과 같은 새로운 움직임의 소생을 상징한다. 그것은 마음이 다시 움직여 실천으로 향할 수 있는 가치 지향적 방향성이며 힘이다.

왕필은 무욕의 상태 속에서 하늘과 같은 진실무망한 마음이 드러난다고 풀이하여 무욕의 상태를 천지의 마음의 상태로 생각했다. 반면에 이천은 오히려 새로운 욕망의 탄생, 진정한 생명력의 약동으로서의 욕망을 긍정한다. 왕필이 무욕으로서 욕망이 소멸된 텅 빈 마음[虛靜]으로의 '돌아감'과 '복귀[復]'

를 상징한다고 해석했다면, 정이천은 오히려 그러한 고요 속에서 떠오르는 미세한 떨림, 곧 진실무망한 마음[動之端]의 '깨달음'과 '소생[復]'을 상징하는 것으로 해석한 것이다. 그럴 때 문제는 그 떨림을 어떻게 자각하고 분별하여, 그것을 어떻게 증폭하고 확대시키느냐 하는 것이다. 이것이 현실 속에서 삶의 기예를 닦는 것[修德]이다.

그래서 정이천은 복괘를 자연의 순환으로서 봄기운의 미세한 양기(陽氣)가 소생하는 순간으로 본 것이다. 아무리 겨울이 혹독할지라도 봄은 온다. 결코 그 봄기운을 가로막을 수는 없는 법이다[出入無疾].44)

끊임없이 회복하는 안연

그러나 인간의 마음은 어떠한가? 우리 마음에 섬광처럼 일어났다가 사라지는 미세한 봄기운, 그 미세한 마음의 떨림은 쉽게 좌절되기도 하고, 모른 척 외면되기도 하며, 의식되지도 못하고 스러져 버리는 것은 아닐까? 그래서 이 미세한 떨림은 스스로 자각하고 깨달을 수밖에 없으며[復, 以自知], 미세하고 사소하기 때문에 마음속의 혼란스러운 요동에서 분명하게 분별해 내야만 한다[復, 小而辨於物].45)

어떤 것이 하늘이 상징하는 진실무망한 마음의 미세한 떨림인지 분별해 낼 수 있는가? 과연 그러한 마음의 떨림이 있기라도 한 것인가? 모를 일이다. 그러나 우리는 가끔 내 마음나도 모른다는 말을 흔히 한다. 이는 아무도 모르는 것이며 오직 자기 스스로 자신의 떨림을 자각하고 깨달아야 하며 분별해 내야 한다. 그러니 이젠 말하라, 너의 진실이 무엇이냐?

정이천은 이렇게 마음속에서 일어나는 미세한 떨림을 잃지 않고 운명이 만들어 내는 잘못과 허물을 일으키기 전에 털끝 같은 불선한 마음이 있음을 알아 다시 그것을 고쳐 나가서 후회에 이르지 않는[不遠復] 인물로서 안연(顏淵)을 꼽고 있다.

안연, 그는 우리네 인간과 다른 사람이 아니라 자신의 마음속에 일어나는 이 마음의 미세한 떨림을 잃지 않고 매 순간순간 회복하여 굳게 지켜 나가 후회와 흉함에 이르지 않도록 노력하는 사람일뿐이다.

그러나 우리네 인간이 어디 안연 같은 사람만 있겠는가? 복괘의 나머지 효에서는 우리 인간들이 이러한 마음을 회복하면서 겪게 되는 다양한 모습을 묘사한다. 어떤 사람은 그러한 마음을 잃지 않고 타인을 본받으면서 실천하기도 하지만[休復] 또 어떤 사람들은 자주 좌절하기도 하면서도 또다시 회복하기도 하며[頻復], 혹은 많은 유혹 속에 있으면서도 홀로 힘들게 회복하기도 하며[中行獨復], 또 어떤 사람은 욕심에 휘둘려 회복되지 못하고 흉한 결과를 초래하기도 한다[迷復凶].[46] 이러한 차이가 나는 이유는 인간의 자질과 주변적 여건 때문에 그러하다.

그러나 이 회복의 마음은 사라지지 않는다. 그것을 외면하거나 자신의 사사로운 욕망에 휘둘리거나 주변의 상황에 휩쓸려 어리석은 방식으로 드러날 뿐이지 이 마음은 사라지지 않는다. 때문에 그것을 어떻게 실현해 내는가 하는 문제가 중요하다.

아무리 좋은 의도와 순수한 마음을 가지고 있더라도 그것이 실현되고 표현되며 실천되는 그 현실적 맥락의 올바름과 부합되지 못하다면 오해를 불러올 수도 있고, 또 일을 그르치거나 흉한 결과를 가져올 수도 있다. 현실을 무시한 순수한 마음은 편협하거나 바보가 될 뿐이다. 『주역』이 강조하는 것은 바보 같은 순진무구함이 아니다. 현실을 파악하지 못한 무모함도 또 현실을 이해하지 못한 나약함도 어리석기는 마찬가지이다.

우리의 이상이 한여름 밤의 꿈으로 끝나지 않기 위해서는 현실을 제대로 알아야 한다. 하지만 사실 현실은 그다지 아름답지 않다. 이권의 다툼이 벌어지는 이전투구의 진흙탕일 수도 있다. 그러나 우리가 하늘과 같은 마음을 실천할 수 있고 해야만 하는 곳은 저 낮은 대지의 현실적 지형 속에서일 뿐이다[知崇禮卑]. 그 현실의 지형과 실천에 대한 문제가 바로 리괘(履卦)가 상징하는 내용이다.

리괘(履卦) – 맨손으로 호랑이를 잡으려는 자로

예(禮)를 상징하는 리괘

아무리 좋은 이상과 뜻을 가지고 있더라도 그것을 실현할 수 있는 현실적 감각과 지혜가 없다면 흉한 결과를 가져올 수 있다. 그 어떤 이상과 뜻도 현실을 벗어나서는 아무런 의미를 가질 수 없다. 오직 다양한 차이와 지형을 가진 현실 속에서 이룰 수밖에 없다.

『주역』의 10번째 괘인 리(履)괘는 덕의 실천적 기초[德之基]를 상징한다. 복괘에서 소생하는 하늘과 같은 진실무망한 마음이 실현되는 터이며 덕이 실천되는 장소를 상징한다.

리괘(履卦)는 천택리(天澤履)라고 읽는다. 하늘을 상징하는 건(乾☰)괘가 위[外卦]에 있고 연못을 상징하는 태(兌☱)괘가 아래[內卦]에 놓여 이루어진 괘(乾☰上 兌☱下)이다. 하늘은 위에 있고 연못이 아래에 있는 것은 당연한 위치이다. 그렇듯이 만물이 모여 있는 자연 세계에는 위아래[上下], 크고 작음[大小], 높고 낮음[高下], 강함과 약함[强弱] 등의 차이가 있다. 마찬가지로 인간이 모여 있는 사회에도 이러한 차이가 없을 수가 없다.

사람들이 모이면 다툼이 있게 마련이다. 많은 사람들에게는 다양한 차이가 없을 수 없으며, 또한 서로의 이익과 욕망이 충돌하기 때문이다. 그러한 이익과 욕망의 충돌을 조절하기 위해서는 규칙과 역할 분담이 필요하다. 그것이 예의 근본일 것이다.

리괘는 이러한 인간 사회의 위계질서와 차이를 상징한다. 때문에 리(履)는 사회적 규칙(rule)과 역할 분담(role)을 의미하는 예(禮)를 의미하며, 또한 그러한 예로 이루어진 사회 현실에서의 실천[踐]을 의미하기도 한다. 이렇게 규칙과 역할 분담이 규정된 사회적 위계질서는 인간이 살아갈 수밖에 없는 조건이며 또한 필요조건이기도 하다. 이러한 규칙과 역할 분담을 통하여 사회가 안정이 되고 질서가 이루어진다.

그러나 삶의 현실이란 것이 꼭 이러한 규칙에 의해서만 이루어지지는 않는다. 삶이란 그렇게 단순하지만은 않다. 그 속에 수많은 음모와 힘겨루기의 권력 싸움이 존재하는 것 또한 엄연한 현실이다.

그렇다면 이러한 현실 속에서 어떻게 행위 해야 하는가? 그러한 규칙과 역할 관계, 그리고 현실적 지형, 더불어 힘겨루기의 엄연한 현실을 제대로 파악하지 못하고 함부로 날뛴다면 어리석을 뿐 아니라 자신이 해를 당할 수도 있는 흉한 일이다.

호랑이 사육사

『장자』에는 호랑이를 길들이는 호랑이 사육사에 관한 일화가 있다. 그 호랑이 사육사는 호랑이에게 절대로 먹이를 산 채로 주지 않는다. 이유는 산 동물을 물어 죽이는 호랑이의 살기와 노기(怒氣) 때문이다. 또한 먹이를 통째로 주지도 않는다. 호랑이는 그것을 찢어발기려는 노기를 가지고 있기 때문이다.

그래서 호랑이의 그 노기를 거스르지 않도록 호랑이가 굶주렸을 때와 배부를 때[時]를 잘 이용하여 노기를 조절하고 잘 인도해야 한다. 그러면 호랑이도 인간의 말을 잘 따르며 유순해지는 것이다.

호랑이가 사람이 아닌데도 자기를 길러 주는 사육사를 잘 따르는 것은 바로 사육사가 호랑이의 본성을 잘 파악하여 그 본성에 따라 조절했기 때문이다. 만약 호랑이가 사육사를 죽인다면 그것은 호랑이의 본성을 거역하였기 때문에 일어난 일이다.[47]

이 우화가 우리에게 전하는 메시지는 아마도 호랑이의 본성을 파악하지 못하고 호랑이를 대했을 때 발생하는 재앙과 또 그 재앙을 자초하는 인간의 어리석음일 것이다. 호랑이의 본성을 아는 것은 이치[理]를 안다는 것이며, 호랑이의 이치를 따라서[順] 호랑이를 다룰 줄 아는 것이다.

이 우화의 구체적인 현실적 맥락은 쉽게 상상할 수 있다. 호랑이가 상징하는 것은 무소불위한 군주이며 호랑이 사육사란 역린(逆鱗)을 가지고 있는 군주를 다루는 신하일 것이다.

결국 신하가 군주를 대하는 태도를 말하고 있다. 호랑이의 노기를 건드리지 않기 위해서는 호랑이의 본성의 이치를 잘 알고 다루어야 하듯이, 군주의 역린을 건드리지 않기 위해서는 군주의 이치를 잘 알고서 처신해야 한다. 그것은 군주를 다루는 방식이기도 하지만 동시에 자신을 보호하는 지혜이기도 하다.

호랑이 꼬리를 밟고도 물리지 않은 사람

리괘의 괘사도 이와 유사한 비유가 나온다. 리괘의 괘사는 다음과 같다.

> 호랑이 꼬리를 밟더라도 사람이 물리지 않는다. 형통하다 [履虎尾, 不咥人, 亨].

호랑이 꼬리를 잘못 밟으면 물려 죽게 된다. 물론 쉽게 상상할 수 있듯이 여기서 말하는 호랑이란 군주를 의미한다. 리괘 단사(彖辭)에서는 부드러움이 강함을 밟았으나 강함을 기쁨[說]으로써 응대한다고 풀이하고 있다. 단사에서 말하는 기쁨이란 타인의 감정을 거스르지 않고 조화를 이루는 온유한 태도를 말한다.

그러나 이러한 태도는 비굴한 아첨은 아니다. 왕필도 분명히 이러한 태도가 비굴한 아첨의 온유한 태도는 아니라고 지적하고 있다. 정이천은 이러한 태도를 기쁨으로써 따른다[順]는 표현을 하고 있다.

따른다[順]는 말은 위에서 말한 『장자』에 나온 호랑이의 우화에서 표현된 말과 동일한 표현으로, 그것은 타인에게 수동적으로 순응하는 것이 아니라 그 타자의 이치[理]를 따라서 조절하고 다스린다는 의미가 강하다. 그런 점에서 단지 수동적인 태도가 아니라 능동적이고 적극적으로 자신의 의도와 목적을 창조하는 태도이며, 자기 방어적 태도이기도 하다.

이점에 대해 양만리는 좀 더 구체적으로 해석하고 있다.

이는 아랫사람이 예(禮)로써 윗사람을 바르게 하여 윗사람이 예로써 스스로 바르게 되는 것이다. 아랫사람이 예로써 윗사람을 바르게 했다. 그래서 유순하게 윗사람을 따르면서도 그 윗사람의 올바르지 못한 마음을 바로잡았고 조화로운 태도로써 그 위엄 어린 노기를 다스린 것이다. 군주가 올바르게 되면서도 신하는 조금도 다치지 않는다.[48]

양만리는 구체적으로 군주와 신하와의 관계를 명서하고 있다. 신하는 군주의 올바르지 못한 마음을 바르게 해야 하는 직분을 가지고 있는 사람이지만, 잘못하면 군주의 심기를 건드려 자신의 생존도 보장받지 못할 수도 있다. 마치 호랑이의 노기를 잘못 건드려 잡아먹히는 것처럼 말이다.

물론 잡아먹히는 것이 두려워 비굴하게 아부하는 태도는 흉한 일이다. 잡아먹히지 않은 것은 군주에게 예에 합당한 행동으로 대응했기 때문이다. 예의에 합당한 행위를 취하면서 자신의 뜻을 곡진하게 주장할 수 있는 것이며 동시에 해를 피할 수도 있다. 이런 점에서 본다면 예의에 합당한 행위는 자신의 뜻을 전달하는 수단인 동시에 자신을 방어하는 수단이 될 수도 있다.

맨주먹으로 호랑이를 잡으려는 자로

리괘에서는 호랑이의 꼬리를 밟고 물려 죽은 사람을 상징하는 효가 있다. 그것은 세 번째 효[六三]로서 음효(陰爻)이다. 그 효사는 이렇다.

애꾸눈이 애써 보려고 하고 절뚝발이가 애써 가려고 하니 호랑이 꼬리를 밟고 물려서 흉하다[眇能視, 跛能履, 履虎尾, 咥人, 凶].

이 효는 호랑이에게 적절하지 못한 행동을 하여 결국 화를 자초한 경우이다. 애꾸눈이 애써 보려는 것은 자신의 능력이 충분하지 못하면서도 섣불리 욕심을 부리는 것을 상징하며, 절뚝발이가 애써 가려고 하는 것은 처신에 균형 감각을 잃은 행위를 상징한다.

그래서 자신이 맡고 있는 지위의 역할을 감당할 수 있는 역량을 지니지 못하면서도 하고자 하는 의욕만이 지나쳤기 때문에 화를 당한다.[49] 결국 섣부른 행위로 호랑이에게 물리게 되는 것이다. 자질과 능력이 부족하면서도 공을 세우려는 공명심만 강하면 뜻을 이루기는커녕 오히려 화를 입게 된다. 때문에 스스로의 자질과 능력을 냉정하게 헤아리는 것이 필요하다. 양만리는 이런 점을 다음과 같이 경고한다.

군자들은 모두 정계에 진출하여 자신의 뜻을 펼치고자 한다. 하지만 또한 자신의 자질과 능력을 헤아려 함부로 정치적 지위를 도모하지 말아야 한다.[50]

자신의 서툰 재주로 호랑이를 다룰 수는 없는 법이다. 아무리 높은 이상과 뜻을 지녔더라도 그것을 현실에서 이룰 수 있는 자질과 능력을 갖추지 못했다면 경거망동하지 말아야 한다. 호랑이에 대한 지혜도 없이 감정적 공명심과 정의감만으로 호랑이를 다룬다면 공을 이루기는커녕 오히려 자신이 잡아먹힐 수도 있다.

공자의 가장 절친한 친구이자 제자였던 자로는 협객 출신답게 정의감에 가득 차 있는 의리파이지만 순진한 동시에 현실적 감각이 부족한 사람이었다. 공자가 안연을 극구 칭찬했을 때, 자로는 질투심인지 아니면 정의감인지 공자에게 어린애처럼 질문한다.

"선생님께서 삼군(三軍)을 통솔하신다면 누구와 함께 하시겠습니까?"

물론 자신을 지목할 것이라는 스승에 대한 순진한 믿음을 가지고서 말이다. 그러나 공자는 눈치가 없으신 것인지, 아니면 자로를 너무도 염려하셨는지 야박하게 대답한다.

맨주먹으로 호랑이를 잡으려 하고 맨몸으로 강물을 건너려다가 죽어도 후회가 없는 사람과는 함께하지 않을 것이다. 나는 반드시 큰일을 맡아서 두려워할 줄 알고 미리 계획을 도모하기를 좋아하여 공을 이룰 수 있는 사람과 함께할 것이다.[51]

공자는 이미 자로의 됨됨이를 파악하고 그 성질이 결과할지도 모를 운명을 느꼈는지도 모른다. 그렇기 때문에 저렇게 야박한 말로 그의 성질을 누그러뜨리려 했는지도 모른다. 하지만 공자의 이러한 염려와 충고에도 불구하고 자로는 비운의 죽음을 맞이하고야 만다. 자로는 지나치게 우직하고 현실과 타협할 줄 모르는 인물이었다.

두려워하거나 비굴하지 않은 겸손

자신의 자질과 능력을 헤아리지 못하고서 섣부른 공명심이나 정의감으로 호랑이에게 덤벼서도 안 될 일이지만, 지나치게 자신감과 우월감에 차서 직분의 한계를 넘어서는 월권을 부려도 안 되며, 또 그러한 오해를 받아 호랑이의 심기를 건드려도 위험하다. 그렇기 때문에 호랑이를 대하는 태도로 요구되는 것은 겸손이다.

'맨손으로 호랑이를 잡고 맨몸으로 황하를 건너다'라는 공자의 말은 원래 『시경』 소아(小雅)·소민(小旻) 편에 있는 시의 한 구절이다.52) 그 구절에서 '얇은 얼음을 밟는 듯[如履薄冰]'이라는 표현을 쓰면서 호랑이를 대하는 전전긍긍하고 조심스러운 태도를 묘사한다.

이 『시경』의 시를 인용하면서 『순자』는 신하의 도리[臣道]를 논하고 있다. 순자는 군주에 대한 공경[敬]을 강조하면서 그것이 예의 근본적인 태도라고 주장한다. 그러나 현자와 불초한 자를 분리하여 그들 모두에게 동일하게 공경의 태도를 취하지만 그 태도의 근본적인 사정은 두 가지라고 설명하고 있다. 즉, 현명한 사람에게는 그를 귀하게 여기는 마음의 발로에서 공경하는 태도를 취하지만 불초한 사람에게는 두려워하는 마음의 발로에서 공경하는 태도를 취한다는 것이다.53) 여기서 두려움이란 불초한 사람에 대한 두려움이 아니라 그로부터 초래하게 될 자신의 해로움에 대한 근심과 신중함을 말한다.

동일하게 공경의 태도를 취하지만 공경하는 대상이 어떠하냐에 따라서 공경의 마음은 다른 것이다. 그럴 때 공경이란 자신의 진정을 전하는 마음의 표현일 수도 있지만 동시에 자신을 위협할 수도 있는 사람을 대비하는 신중함일 수도 있다. 순자는 다음과 같이 말하고 있다.

현명한 사람인데도 공경하지 않는다면 짐승처럼 행동하는 것이고 불초한 사람인데 공경하지 않는다면 이는 사나운 호랑이를 깔보는 것이다. 짐승과 같은 태도를 취하면 무질서한 혼란에 직면할 것이고 호랑이를 깔보게 되면 위태로움에 빠져 재앙이 자신에게 닥칠 것이다.[54]

순자가 말하는 예의 근본적인 태도로서의 공경[敬]은 무서운 호랑이에 대한 무조건적인 복종이나 아첨과 같은 성질은 아니다. 군주에게 잘못이 있는데도 동조를 하거나 군주의 입맛에 맞게 순종하여 분명한 원칙을 견지하지 못하고 시비를 고려하지 않고 구차하게 일신의 안위만을 지키려 하는 것은 재앙과 혼란으로 가게 된다고 경고하고 있다.[55]
사나운 호랑이에 대한 공경의 태도는 그 호랑이에 대한 두려움이나 그 두려움에서 나온 비굴한 아첨이 아니라 호랑이를 다루는 전략적 차원에서의 기술을 말한다. 그것은 위험에 빠지지 않으려는 자기 방어적 수단이면서 동시에 호랑이의 노기를 조절하고 견제하면서 균형을 이루는 태도를 의미한다.

그러나 어찌 무소불위한 군주만이 사나운 호랑이겠는가? 우리가 직면할 수밖에 없는 권력을 쥐고 있는 타인도 그러하고, 녹록하지 않은 현실도 불가항력적인 운명도 그러하지 않는가? 이 현실과 운명에 대하여 오만하거나 그렇다고 비굴하지 않게 겸손의 태도를 유지하면서 처신하는 것은 자신의 안위를 위한 중요한 덕목일 것이다.

　더불어 사나운 호랑이가 어찌 밖에만 있겠는가?[56] 양만리가 지적하는 것은 마음 안에 있는 호랑이를 예로써 제어하는 것이다. 겸손을 유지하면서 서툴지 않게 삶의 기예를 발휘하여 현실 속에서 자신의 운명을 창조하고 실제적인 공을 이루는 것이 『주역』이 말하는 덕이다.

정괘(井卦) – 두레박을 깨뜨린 한신

덕의 모습과 쓰임

『주역』의 48번째 괘가 정(井)괘이다. 우물을 상징한다. 우물은 마을의 중심으로 사람들에게 없어서는 안 되는 물을 제공한다. 나라에는 맑은 물을 담고 있는 우물과 같은 현자들을 필요로 하며, 인간에게는 우물과 같은 자신의 능력[德]의 원천이 필요하다. 우물물은 맑고 깨끗함을 항상 유지해야 하는 것처럼, 천하를 이롭게 하려는 군자의 뜻과 덕은 항상 맑고 깨끗함을 유지하면서 결코 변해서는 안 된다는 점을 상징한다.

그러나 여기서 중요한 것은 우물이 아니라 우물 속의 물이다. 수풍정(水風井)이라고 했다. 위[外卦]로 물을 상징하는 감

(坎☵)괘와 아래[內卦]로 나무[木]를 상징하는 손(巽☴)괘가 합쳐져 괘(坎☵上 巽☴下)를 이룬다. 물 아래로 나무 두레박이 깊이 내려가 있는 이미지이다. 우물 속의 맑은 물은 끌어 올려져야 마실 수 있다. 마찬가지로 나라에서 현자들은 중요한 직책에 끌어 올려져야 그의 능력을 천하에 펼칠 수 있는 법이다. 사람의 경우에도 변하지 않는 뜻과 능력이 끊임없이 끌어 올려져야 일을 수행하고 공을 이룰 수가 있다. 정괘의 괘사는 이러하다.

마을은 다른 곳으로 옮길 수 있지만 우물을 바꿀 수 없다. 우물의 물은 아무리 끌어 올려도 마르지 않고 그렇다고 넘치지도 않는다. 많은 사람들이 오고 가며 마셔도 항상 맑은 상태를 유지하고 있다. 두레박을 거의 끌어 올렸는데 우물 밖으로 길어 올리지 못하였으니 도중에 두레박이 깨지거나 뒤집혀 물을 쏟으면 흉하다[改邑不改井, 無喪無得, 往來井井. 汔至, 亦未繘井, 羸其瓶, 凶].

여기서는 능력을 기르는 모습[修德]을 상징적으로 드러내고 있다. 우선 무상무득(無喪無得)이란 말은 물을 아무리 퍼 올려도 물이 마르지 않는 우물[無喪]처럼 덕이란 마르지 않는 원천이 있어야 한다는 것이며, 원천에서 물이 아무리 흘러도 넘치지도 않는다[無得]는 말은 넘쳐흘러 덕이 오만함에 빠지지도 않음을 말한다. 즉, 항상 일정한 항상성[常]의 균형 감각을 유지한다는 점의 중요성을 지적한다.

왕래정정(往來井井)이란 많은 사람들이 기꺼이 와서 물을 아무리 마시더라도 그 물의 맑고 청정함은 상실되지 않음을 의미한다.[57] 즉, 모든 사람들에게 널리 베풀면서도 자신의 청정함은 잃지 않는다. 덕의 모습과 쓰임이란 이런 것이다.

그러나 덕을 기르는데 중도에 포기하는 것은 매우 흉하다. 우물 깊은 곳에서 물을 두레박으로 퍼 올려 우물 밖으로 꺼내야 시원한 물을 마실 수 있듯이, 덕은 밖으로 펼쳐져 공(功)을 이루어야 완성을 보는 것이다. 거의 다 길어 올렸는데 두레박의 물을 엎지른다면 아무런 공을 이룰 수 없다.

그러나 덕과 공이 꼭 그렇게 맞아떨어지는 것은 아니다. 인간의 삶은 매우 복잡 미묘하기 때문이다. 덕이 있는 사람이 공을 세우지 못할 수도 있고 공을 세운 사람이 반드시 덕이 있는 사람이라고 할 수도 없다. 뜻대로 되는 것이 어디 인생이던가? 덕과 공의 문제는 우리 사회에서 자신의 능력과 그것의 인정에 대한 문제에도 동일하게 적용될 수 있다.

능력[德]이 많은데도 인정[功]을 받지 못한 경우도 있지만, 능력이 충분하지 않는데도 타인의 인정을 얻어 내려고 욕심을 부리는 사람도 있다. 혹은 능력이 많은 사람이라도 다른 사람의 인정에 집착할 수도 있다. 그래서 인정을 받지 못하면 자신의 능력을 베푸는 데 인색해지기도 한다. 혹은 세상의 인정을 받았을 때, 그 세상의 인정을 뽐내며 오만을 부리면서 그것의 모든 결과를 자신의 것으로 취하는 욕심에 빠지기도 한다. 인간의 심리란 매우 복잡 미묘한 것이다.

양만리는 이러한 점을 의식하고 있었던지 진정한 덕의 모습에 대하여 지적하고 있다. 자신이 어떤 능력을 가지고 있다고 생각하면 그 능력에 대한 인정과 대가를 구하려고 한다. 그리고 그러한 인정과 대가를 주지 않는 사람에 대해서는 증오심을 갖게 되고 그에게 야박한 말과 행동을 하기 쉬운 것이 인간의 모습일 것이다. 그러나 양만리가 말하는 진정한 덕이란, 인정과 대가를 구하려고 집착하지 않고 인정해 주지 않는 사람을 미워하거나 인색하게 굴지 않는다. 그래야만 그것이 진정한 덕이라 할 수 있다[求與嗇兩忘, 德也].

더불어 사회적 인정을 받거나 공을 이룬 사람들은 자신이 이룬 공적에 의해 발생한 은혜들을 사람들이 인정해 주고 칭찬해 주기를 바란다. 그렇지 않은 사람에게는 원망과 분노를 느끼는 것도 또한 인간의 모습이다. 그러나 양만리는 공을 이룬 사람이라면 자신이 베푼 은혜를 알아주어야 한다고 오만을 부리지도 않는다. 그렇기 때문에 설사 다른 사람들이 알아주지 않더라도 원망하지 않는다. 그것이 진정한 공이다[惠與怨兩消, 功也].[58] 이러한 사고는 『노자』의 "공을 이룬 후에는 물러서는 것이 하늘의 도[功遂身退, 天之道]"[59]라는 구절을 떠올리게 한다. 이러한 측면들은 각 효들에 나타나 있다.

썩은 우물물과 맑은 우물물

자신의 능력과 세상의 인정에 대한 문제는 효사(爻辭)에서 썩은 우물물[井泥]과 맑은 우물물[井渫]이라는 상징으로 대비된다. 정괘의 첫 번째 효[初六]의 효사는 이러하다.

썩은 우물물이니 아무도 먹지 않는다. 오래된 우물에는 새들조차도 찾아오지 않는다[井泥不食, 舊井無禽].

고인 물은 썩는 법이다. 시대의 변화에 대처하지 못하고 낡은 가치와 편견만을 고집하여 자신의 능력을 새롭게 창조하지 못하고 구시대의 찌꺼기만 가득하다면, 시대에 의해서 버려질 뿐이다[時舍也]. 자신의 덕을 새롭게 창조하지 못하고 시대의 변화에 대처하지 못하는 사람을 상징하는 것이다.

양만리는 이 썩은 우물물을 구태의연한 관습에 얽매여 세상의 오물들이 몰려드는 강물의 하류에 비유하면서 시대적 변화에 대응하는 새로운 공적을 세우기는 어렵다고 평가한다.60) 때문에 이러한 구태의연한 관습에서 벗어나 자신의 수양을 강조한다. 세상에서 공을 세우고 쓰임을 얻고자 하는 사람이라면 반드시 자신이 쓰일 수 있을 만큼의 능력을 충분하게 갖추어야만 한다[用世者, 必可用]는 말이다.

공자도 이와 유사한 충고를 하고 있다.

"지위가 없는 것을 근심하지 말고 그 지위에 설 수 있는 자격을 갖출 것을 걱정하며, 자기를 알아주지 않는 것을 근심하지 말고 알아줄 만하도록 애써야 한다."61)

자신을 알아주고 말고는 남에게 달린 일이다. 그러나 내가

할 수 있는 일은 바로 덕을 수양하는 일이다. 자신에게 달린
일에 최선의 노력을 경주하는 것이야말로 군자가 힘써야 할
일이다.

그러나 맑은 덕을 가지고 있어도 세상이 알아주지 않는 경
우도 있다. 정괘의 세 번째 효[九三]의 효사는 이러한 상황을
상징한다. 세 번째 효의 효사는 이러하다.

> 맑은 우물물인데도 사람들이 먹지 않으니 내 마음이 슬
> 프다[井渫不食, 爲我心惻].

자신의 능력을 펼칠 수 있는 중요한 지위에 오르지 못한 경
우이다. 맑은 덕을 가지고 있지만 자신을 알아주는 군주와 때
를 만나지 못하였다. 자신을 알아주는 군주나 때를 만나지 못
했을 때의 심정이란 어떤 것이었을까? 여기서 '내 마음이 슬
프다[爲我心惻]'는 구절에 대한 해석에서 정이천과 양만리는
시각을 달리한다.

정이천은 '내 마음이 슬프다'는 구절을 자신이 군주의 인정
을 받지 못하는 안타까움과 인정을 받으려고 애를 쓰는 심리
적인 조급함으로 풀이한다. 즉, 군주에게 등용되지 못한 사람
이 느끼는 안타까운 마음으로 본다. 그래서 등용되고 싶다는
강렬한 욕망에 차서 균형 감각을 잃고 조급한 마음에 가득 차
있는 사람으로 묘사하고 있다.[62]

그리고 이러한 마음의 상태는 공자가 말하는 "세상이 써 주

면 나아가 행하고, 버리면 재주를 감추고 들어앉을 수 있는 사람[用之則行, 舍之則藏]"[63]의 심리적 평정심과는 다르다고 한다. 미묘하고 사소한 감정의 떨림을 말하고 있다. 세상이 자신을 인정해 주지 않고 버릴 때, 그 심리적인 상태에 대한 설명과 관련하여 정이천의 설명을 들어보자.

등용되느냐 등용되지 못하느냐 하는 문제는 내가 미리 대비할 수 있는 일은 아니다. 내가 할 수 있는 것은 나에게 주어지는 상황에 대해 안정된 평정심을 유지하는 것이다. 어떤 사람이 그러한 마음은 운명을 안다고 말할 수 있냐고 묻는다. 그러나 주어진 상황에 안정된 평정심을 갖는 것은 그것이 어쩔 수 없는 운명 때문이라고 말할 수는 없다. 군자는 어떤 필연적인 운명이 있다는 것을 안다. 그래서 반드시 운명에 대해 말한다. 그러나 주어진 상황에 안정된 평정심을 갖는 이유는 그것을 숙명과 같은 것이라고 체념하는 것이 아니다. 오히려 등용되는 것을 억지로 구하려고 조급해하는 것은 그것을 얻는 데 전혀 도움이 되지 않는다는 점을 잘 알기 때문에 구하지 않을 뿐이지, 구할 수 없기 때문에 그러한 것은 아니다.[64]

맑은 우물물과 같은 덕을 가지고 있는 사람이 그것을 펼칠 수 있는 사회적 지위를 갖지 못하거나 인정을 받지 못했을 때, 세상에 대한 분노와 슬픔에 잠길 수가 있다. 그럴 때 조급하게 사회적 지위를 구하려고 경거망동할 일도 아니며, 그렇다고 어찌할 수 없는 숙명이라고 체념과 비통에 잠길 일도 아니다. 안정된 평정심[安]을 갖는다는 것은 그러한 체념이 아니다. 억지로 구하려는 조급한 경솔함이 오히려 일을 그르친다는 점을 경고한 것이다.

이러한 구별은 겉으로는 안정된 평정심을 갖는 모습으로 동일하게 보일지라도 그 내면의 근원은 다르다는 점을 지적한 것이다. 정이천은 정괘의 세 번째 효도 이러한 안정된 평정심을 갖지 못하고 조급한 경솔함에 빠져 있다고 해석하고 있다.

그러나 양만리는 초점을 달리해서 이해한다. 그것은 조급한 경솔함에 빠진 사람의 슬픔이 아니라, 덕을 가지고 있는 사람이 세상의 인정을 받지 못하는 것을 옆에서 바라보는 사람의 안타까움으로 풀이한다.

맑은 우물물을 가진 것은 우물이고 그 물을 먹지 않는 것은 사람들이다. 그러니 왜 우물이 슬퍼하겠는가? 우물 자체는 자신의 인정에 대한 분노와 슬픔을 가지고 있지 않다. 그것에 대해서 초연한 평정심을 유지하고 있다. 단지 그것을 바라보는 지나가는 사람이 그 우물의 처지를 안타깝게 여길 뿐이다.[65] 맑은 우물물과 같은 덕과 능력을 가진 사람이 인정받지 못하고 등용되지 못하는 이 세상에 대하여 한탄할 뿐이다.

양만리는 정이천의 해석에서 더 나아가 역사적 시선을 던지고 있다. 능력이 있는 사람이 세상으로부터 인정받지 못하는 이 사회와 역사에 대한 비애감을 표시하고 있다.

두레박을 깨뜨린 한신(韓信)

정괘 괘사의 마지막 구절은 "두레박을 거의 끌어 올렸는데 우물 밖으로 길어 올리지 못하였으니 도중에 두레박이 깨지거나 뒤집혀 물을 쏟으면 흉하다[汔至, 亦未繘井, 羸其瓶, 凶]." 로 맺고 있다. 자신의 덕을 세상에 펼쳐 공을 세우는데 그것을 중도에 그르치면 안 된다는 의미이다.

양만리는 이렇게 두레박에 물을 퍼 올리다가 두레박을 깨버린 인물로 한신을 들고 있다. 그는 목앵부(木罌缶)[66]를 사용하여 군사를 도하시켜 위도 안읍을 습격한 이후 항우를 무너뜨리는 데 그 공이 장량(張良)보다 덜하지 않았다. 그러나 한신은 그의 공적에 대한 스스로의 오만 때문에 모반을 꾀하려다가 결국 죽임을 당하고야 만다.

두레박으로 물을 길어 올려 공을 이루려다가 오히려 두레박을 깨버린 꼴이다. 한신은 죽기 전에 "날랜 토끼가 죽으니 사냥개도 삶아지고, 높이 날던 새가 다 없어지니 좋은 활은 감추어 둔다. 적국이 격파되자 지모의 신하는 죽는다."[67]고 말해 토사구팽(兔死狗烹)의 일화를 남겼지만, 태사공의 평가는 다음과 같다.

만약 한신이 도리를 배워서 겸양한 태도로 자신의 공로를 자랑하지 않고 자신의 능력을 과시하지 않았다면 한왕조에 대한 공훈이 저 주공, 소공, 태공망 등의 주왕조에 대한 공훈에 비길 만하여 후세의 자손에 이르기까지 녹을 받았을 것이 틀림없다. 그러나 이렇게 되려고 힘을 쓰지 않고 오히려 천하가 이미 통일된 후에 반역을 기도했으니 일족이 전멸한 것도 또한 당연하지 않을까?[68]

우물은 마을 사람들에게 자신의 덕과 은혜를 인색하지 않게 베풀면서도 자신의 능력을 인정받으려 하거나 대가를 바라지 않는다. 그래서 분노하지도 원망하지도 않는다. 우물은 그 자리를 굳게 지키면서, 원천을 잃고 물이 마르지도 않고, 그래서 좌절하지도 않으며, 물이 흘러넘쳐 오만하지도 않는다. 자신의 맑고 고요한 물을 오가는 사람들에게 대가를 바라지 않고 제공해 준다.

오직 뜻을 굳게 지켜 나가면서 자신의 덕을 새롭게 할 뿐이다. 세상이 바뀌어도 우물은 바꿀 수 없다[改邑不改井]. 공자도 말하지 않았던가? "세상 사람들이 자신을 알아주지 않더라도 성내지 아니하면 군자 아니겠는가?"[69]

물론이다. 세상 사람들의 인정은 중요하다. 세상 사람들의 인정을 받지 못한다면 그것은 실패한 일일 수도 있다. 그러나 그것은 하늘에 떠 있는 구름과 같은 것이다. 그렇게 그것에 집착하여 오만과 비굴을 부리는 것도 흉한 일이다.

남은 이야기 – 공자가 차마 말하지 못한 속내

죽음과 삶

공자의 곤경으로부터 이야기를 시작했다. 다시 공자가 털어놓은 말들로 돌아가 보자. 공자가 "쉽사리 표현하기에는 어려운 점이 많고", "성인이 타인에게 말해 주고 싶어도 말해 주기가 어렵다."고 했을 때, 그리고 곤괘의 한 구절을 인용하여 그 말이 참으로 믿을 만한 말이라고 탄식했을 때 공자의 속내는 어떠했을까?

공자가 겪은 진채지간(陳蔡之間)의 곤경에 대한 일화는 다른 곳에 다른 버전으로 기록하고 있다. 그 가운데 하나가 『장자』에 나온 버전이다. 거기에는 다른 곳과는 달리 공자의 다른 측면들이 드러나고 있다. 공자의 속내를 짐작할 수 있을 법한 내용이 있다. 공자가 진채지간에서 곤경을 겪고 있을 때, 대공임(大公任)이 찾아가 공자를 위문하면서 묻는다. 공자는 어지간히도 고생을 한 듯하다.

> "선생은 곧 죽을 것만 같소."
> 공자가 대답했다. "그렇소."
> "선생은 죽음을 싫어하시오?"
> "그렇소."[70]

뜻밖이다. 이 기록에 따르면 공자도 죽음을 두려워하고 있었다. 어쩌면 놀랄 일이 아닌지도 모른다. 공자도 인간이다. "아침에 도를 깨달으면 저녁에 죽어도 여한이 없다."[71]고 했지만, 공자도 죽음이 두려운 때가 없지 않았을 것이다. 그때가 바로 이때였을까? 그렇게도 그가 겪은 곤경은 혹독했던 것이었을까? 그러나 죽음에 대한 처절한 두려움의 체감은 끝없는 나락이기도 하지만, 동시에 찬란한 생명이 넘치는 삶의 현실에 대한 절절한 자각이기도 하다.

공자는 죽음에 대한 계로의 질문에 "삶도 아직 모르는데 어찌 죽음을 알겠는가!"[72]라고 대답했다. 이 말은 죽음은 모르겠다거나 죽음 같은 것은 알 필요가 없으니 지금의 삶이나 열심히 살라는 충고가 아니다. 삶을 아직 알지 못한다는 무지(無知)의 고백은 죽음에 대한 앎[知]을 배경으로 한다. 그것은 죽음을 체감함으로써 생겨난, 삶에 대한 강렬한 긍정과 애착이 아닐 수 없다. 공자는 죽음을 생생하게 체감했던 것이다. 그러나 그 죽음에 대한 생생한 체감은 삶의 현실에 대한 강렬한 긍정과 애착을 낳았다.

그것은 앞에서 공자가 "곤경에 처했을 때의 도는 찬 것이 따뜻한 것을 낳고 따뜻한 것이 찬 것을 낳게 하는 이치와 같다[夫困之爲道, 從寒之及煖, 煖之及寒也]."고 한 말의 의미와도 맥락이 통하는 것이다. 곤경 속에서의 죽음에 대한 부정적 체감은 절실한 삶의 긍정적 욕망을 낳는다. 공자는 그가 겪은 곤경을 통하여 누구보다도 죽음을 알게 되었고 그리하여 삶의 현실을 절감했다. 죽음의 두려움을 체감한 자, 삶의 진정한 의미를 추구할지도 모른다.

빛과 그림자

그러나 또 대공임은 공자에게 "곧은 나무는 먼저 벌목되고, 달디단 우물물은 먼저 말라 버린다[直木先伐, 甘井先竭]."라는 비유를 들면서 또 다음과 같은 뼈저린 지적을 한다.

선생은 자신의 지식을 꾸며서 어리석은 사람들을 놀라게 하고, 스스로를 깨끗이 닦아서 남의 잘못된 행동을 더 드러나게 했으니, 마치 해와 달을 들고 가기라도 하듯이 자신을 뽐내며 행동했을 것이다. 그렇기 때문에 곤경을 면치 못하였다.[73]

81

지식과 권력은 항시 분리되지 않고 밀접하게 연결되어 있다는 어느 철학자의 말을 빌리지 않더라도, 지식과 선(善)의 독단적 점유와 규정은 무지와 불선에 대한 우월적 오만을 불러오기 쉬우며, 그 독단적 점유는 권력적 지배를 낳는 법이다. 태양의 빛만 보고 그 태양이 만드는 그림자를 보지 못하는 것이다. 그 결과가 곤경이다.

그것은 자신이 의식하지도 못한 채 마음속 깊은 곳에 똬리를 틀고 있던 사소한 것일지도 모를 오만이 불러일으킨 메아리 같은 것이다. 대공임이 공자에게 지적한 것은 그 오만[驕]이다. 자신의 빛을 뽐내면서 그 빛이 만들어 내는 그림자를 의식하지 못하는 어리석음이다.

공자는 그의 제자 자유(子游)가 관리로 있었던 무성(武城)에 간 적이 있었다. 그는 마을 사람들이 거문고 소리에 노래를 부르는 모습을 보고 '미소[笑]'를 지으며 "닭 잡는 데 어찌 소 잡는 칼을 쓰겠느냐?"고 했다. 그것은 조그만 시골 지방을 다스리는 데 예악 교육과 같은 큰 도를 행할 필요가 있겠는가, 하는 비꼬임이 묻어 있는 말이었다. 물론 이에 대한 자유의 대답을 듣고 자유의 말을 긍정하면서 자신의 말은 '농담[戱]'이라고 한다.[74] 이 장면을 공자가 자신의 가르침을 실천하고 있는 제자를 보고 마음속으로 느낀 기쁨으로 해석하여, 공자의 유머러스한 인간미가 드러나는 구절로 평가할 수도 있다.

물론 순간적으로 자신의 말을 농담이라고 고백하는 공자는 매우 인간미 넘치는 사람임에 틀림이 없다. 그러나 행여 공자

가 떠올린 미소 속에 조소가 담겨 있지는 않았을까? 입가에
미소를 짓게 한 조소의 마음에는 천하를 위해 큰 도를 행하고
있다는 미세하지만 오만과 교만이라는 사소한 돌부리가 있었
던 것은 아닐까? 공자도 그것을 깨닫고 농담이라고 인정한 것
은 아닐까? 인간의 마음은 미묘하면서 복잡한 것이다.

그래서 혹, 공자가 겪은 곤경은 이 사소하지만 그의 마음
한구석에 똬리를 틀고 있는 의식하지 못한 오만이 초래한 것
은 아니었을까? 그리고 그 곤경 속에서 공자는 불안과 두려움
에 빠졌던 것은 아닐까? 꿈에서도 주공을 사모했던 공자는 또
다른 곳에서 이렇게 말했다.

만일 주공과 같은 훌륭한 자질과 재능을 가지고 있더라
도 오만하고[驕] 인색하면[吝] 그 나머지는 볼 것이 없다.[75]

오만이나 두려움 가득한 인색함이 사소한 것일지라도 마음
속 어느 한구석에 있다면, 아무리 훌륭한 자질과 재능을 가지
고 있더라고 위태로울 수 있다는 경고이다. 오만으로 현실의
미묘한 맥락과 지형을 놓칠 수 있고, 또 두려움에 찬 인색함
때문에 현실을 회피하거나 거부할 수도 있다.

자기 마음속 깊이 똬리를 틀고 있는 오만과 두려움을 극복
하고 현실을 새롭게 보고 대처할 수 있는 힘을 얻은 것, 그것
이 공자가 자신이 겪은 곤경을 다행이라고 고백한 이유이리
라. 공자는 운명을 그르칠 수 있는 자기 마음의 미세한 낌새와

요동을 알아차린 것이다. 그 작은 마음의 돌부리를, 그리고 그는 '자신이 가장 좋아했던' 삶의 기예를 기르는 배움[修德]을 구하는 길로 나갔던 것이다. 나머지는 하늘에 맡기고.

하늘과 같은 뜻을 잃지 않고 항시 회복[復]하면서 결코 물러서거나 굽히지 않는 자긍을 견지하고 있어야 하지만 그것이 지나친 자만에 빠져서 현실을 무시해서도 안 된다. 하늘과 같은 뜻을 실현할 수 있는 터는 우리가 살아가는 땅의 현실일 수밖에 없기[履] 때문에 겸손한 마음으로 현실을 받아들일 수밖에 없다. 그러나 그것이 사나운 호랑이와 같은 현실에 대한 무조건적 복종이나 비굴이 되지 않기 위해서는 현실에 대한 정확한 파악과 대처 능력이 필요한 것이다.

이것이 바로 삶의 기예인 덕의 모습이다. 하늘과 땅 사이에서 삶의 기예의 변화가 일어난다. 현실을 무시하지도, 그렇다고 현실에 비굴하지도 않게 겸손으로 대처하는 이러한 모습을 상징적으로 표현한 시 한 구절이 있다. 주렴계의 애련시(愛蓮詩) 가운데 한 구절이다.

> 나 홀로 연꽃을 사랑하나니,
> 진흙탕 속에서 꽃을 피웠으면서도 오염되지 않았고
> 맑고 깨끗한 꽃을 피웠으면서도 그 요염함을 자랑치 않는다.
> (予獨愛蓮之, 出於泥而不染, 濯淸蓮而不妖.)

에필로그 - 뜨겁고 더러운 삶의 경전으로

운명은 피할 수 없는 것이 아니라
피할 수 있었음에도 피하지 않음이다.
- 유치환

「와호장룡」이라는 영화가 있다. 언젠가 그 영화를 비디오로 다시 본 적이 있다. 그런데 정신이 몽롱한 상태에서 봐서인지 마지막 장면에서 끝이 보이지 않는 절벽으로 낙하하는 옥교룡(玉嬌龍)의 모습을 보고 있자니 뭔가 울컥해지는 것이었다. 그 장면은 그때, 나에겐 하나의 상징처럼 다가왔다.

강호의 현실이 어떠한지조차 짐작도 못한 채, 강호에 대한 낭만적 감상에 빠져 있던 교룡. 그녀는 강호의 고수 유수련(俞

秀連)과의 첫 만남에서 강호에 대한 궁금증을 참지 못하고 질문을 해 댄다. 유수련의 경고와 충고에도 불구하고 그녀는 "저도 책에서 읽었는데요. 자유롭게 다니며 누구라도 마음에 들지 않으면 싸운다죠?" 하고 대꾸한다.

이에 강호의 고수 유수련은 굳이 그녀의 말을 부정하지 않고 "책의 끝을 알면 재미가 없지."라고 담담하게 미소하며 대답해 줄뿐이다. 물론 그렇기도 하거니와 강호의 현실이란 책의 내용과는 또 얼마나 다른가?

푸른 여우의 수제자가 되어 강호가 어떤 곳인지도 모른 채, 강호의 최고수가 되려는 욕망에 가득한 교룡. 하지만 그 낭만적 환상과 현실의 괴리로 인한 운명의 휘둘림에 휩싸인다. 나소호와의 얽히고설킨 사랑과 이모백의 죽음. 유수련은 자신의 사랑 이모백을 죽게 만든 교룡을 청명검으로 죽이고 싶은 강한 원망을 느낀다.

그러나 그 원망을 억누르며 강호의 고수답게 말한다.

"어서 너의 사랑 나소호가 있는 무당산으로 가라."

그 유수련이 마지막으로 교룡에게 준 충고는 "네가 어떤 선택을 하든 그것이 너의 진실이어야 한다."였다.

운명적 얽힘의 결과에 직면한 순간, 나소호와의 사랑을 확인하였음에도, 함께 몽고의 푸른 초원으로 돌아가자던 나소호의 소원을 확인하였음에도 교룡은 절벽에 몸을 던진다. 그 절벽은 가슴속으로 비는 소원을 이루어 준다는 그곳, 그 절벽에 몸을 던질 수밖에 없었던 교룡이 마음속에 품고 있었던 소원은 무엇이었을까? 강호의 최고수? 나소호와의 사랑? 이모백에 대한 속죄? 아니면 다른 무엇? 강호에 명성을 떨치고자 한 무모한 욕심, 그로 인해 빚어진 운명과 상처를 통해 그녀가 깨닫게 된 진실은 무엇이었을까?

교룡의 낙하는 장엄하다. 그녀는 더 이상 삶의 현실에 대해 환상을 가진 어린 여자가 아니다. 혹, 그렇다면, 삶의 현실이 더 이상 환상은 아니라는 점을 깨달았다면, 그녀의 낙하는 이 뜨겁고 더러운 삶의 현실 깊숙이 뛰어듦이 아니었을까? 피할 수 있었음에도 피하지 않고, 저 생사를 넘나드는 삶의 현실, '책의 끝을 알 수 없는' 그 강호의 세계로 다시 돌아갈 수밖에 없는, 혹은 돌아가고자 하는 강한 욕망의 긍정, 그 생명의 회복은 아니었을까?

만약 현실의 배반으로 인한 운명의 상처와 비애로 저 천 길 낭떠러지에 서 있다면, 과거의 집착도 미래의 불안도 모두 버리고 오직 자신의 진실 하나의 소원을 빌고서 다시 자신을 배반했던 현실로 낙하하기를. 그 장엄한 몰락. 그 다음엔 어떻게 될까? '책의 끝을 알고 나면' 재미가 없지 않은가? 그것을 또 어찌 장담할 수 있으리. 그럼에도 불구하고 떨어질 수밖에 없는 우리의 부득이함. 그 진실에 대한 올곧은 믿음만을 견지할 수밖에.

그렇게 교룡의 낙하가 그러하듯이, 『주역』이 마지막으로 도달해야 할 곳은 바로 뜨겁고 더러운 삶의 현실이 아닐까? 그럴 때 『주역』 읽기는 삶의 깊은 현실 속으로 낙하하기 전,

근심과 두려움에 휩싸여, 혼자만의 방에서 벌이는 모종의 몸풀기 훈련일지도 모른다.[76] 그러나 훈련은 훈련일 뿐, 문제는 바로 이 현실과의 실전(實戰)이다.

그래, 그저 『주역』은 중국의 현자들이 삶의 현실 속에서 느꼈던 흔적들이 쌓여 온 두터운 지층의 필사본 같은 것이다. 이것은 다만 흔적일 뿐이다. 그리하여 문제는 이제 다시 그 흔적과 지금 이곳 삶의 본래 진면목의 동일성이다. 나는 한 걸음도 떼어 놓지 못했다. 이 머뭇거림으로 하여 사람들에게 남긴 상처는 또 어찌할 것인가? 하여 흔적들이 얼룩진 경전을 버리고어서 뜨겁고 더러운 생사의 경전으로 넘어가야 할 텐데. 나를 용서하라.[77]

주

1) 「繫辭上·12」, "變而通之以盡利" 물론 『주역』에서는 利를 '義之和者'라고 규정하고 있다. 타인의 상황과 입장을 부정하면서 利를 추구하는 것이 아니라, 타인과의 조화 속에서 의로움을 추구하는 것이 곧 利를 추구하는 근본적인 입장이다. 그것이 최선의 이로움이다.

2) 왕필(226~249)의 자는 輔嗣로서 삼국 시대 위나라 사람이다. 어려서부터 지혜로웠으며 열서너 살에 이미 노자를 좋아하여 언변에 능통하였다. 뛰어난 천재로 평가받는다. 성품이 온화하고 언변이 뛰어나며 예법을 돌보지 않고 연회를 즐겼다고 한다. 높은 벼슬길에는 오르지 못하고 하안의 밑에서 상서랑이란 낮은 벼슬을 하다가 스물네 살에 전염병을 앓아서 죽었으며 후사가 없다. 『주역』을 노장의 현리로 해석했다고 평가받는다.

3) 『王弼周易注』明卦適變通爻, "괘란 하나의 상황이고, 효란 그 상황에 적합한 행위 방식의 변통이다[夫卦者, 時也, 爻者, 適時之變也]." 정이천은 이와 유사하게 "괘는 하나의 상황을 상징하고 효는 그 상황에 처한 한 개인의 상황을 상징한다 (卦者事也, 爻者事之時也)."라고 말하고 있다. 『易程傳』屯卦, 上六 象辭.

4) 정이천(1033~1107)의 자는 正叔이며 세칭 이천 선생이라고 불린다. 형 정명도와 함께 理學의 기초를 닦았다. 이천 역학은 왕필의 의리학 방법론을 계승하여 의리학의 최고로 평가된다. 북송 시대 道學의 새로운 물줄기를 연 선구자로 이후 주자에 의해 계승되어 중국 철학사상의 주류가 된다.

5) 양만리(1127~1206)의 자는 廷秀이고 호는 誠齋이다. 남송 초의 저명한 시인이라 역사상 문학적 성취로 이름이 높으나 사상가이기도 하여 사회·정치적 문제와 철학적 문제에 대한 업적을 남겼다. 그는 인간의 구체적인 역사와 인물을 가지고 『주역』을 논하고 상수학적인 관점을 배제하였다. 정이천에 이어 의리역의 대표자로 손꼽힌다.

6) 『誠齋易傳』自序, "易者何也, 易之爲言, 變也. 聖人變通之書也. ……然則學者將欲變通. 於何求通, 曰道, 於何求道, 曰中, 於何求中, 曰正, 於何求正, 曰易, 於何求易, 曰心."

7) 3획괘는 8괘를 말한다. 8괘는 乾☰, 兌☱, 離☲, 震☳, 巽☴, 坎☵, 艮☶, 坤☷이다.

8) 『易程傳』屯卦, 上六, "夫卦者, 事也, 爻者, 事之時也, 分三而又兩之, 足以包含衆理, 引而伸之, 觸類而長之, 天下之能事畢矣.", 718쪽.

9) 『論語』子罕, "子貢曰, 有美玉於斯, 韞匵而藏諸? 求善賈而沽諸? 子曰, 沽之哉! 沽之哉! 我待賈者也."

10) 『易程傳』歸妹, 九四, "蓋自有待, 非不售也, 待得佳配而後行也."

11) 『周易傳義大全』卷首, 易說綱領, "一爻之間, 常包函數意, 聖人常取其重者而爲之辭", 39쪽.

12) 『二程集』, 易傳序, "故善學者求言必自近, 易於近者非知言者也, 予所傳者辭也, 由辭以得意, 則有乎人焉", 689쪽.

13) 『二程集』, "伊川以易傳示門人曰, 只說得七分, 後人更須自體究.", 417쪽.

14) 『周易折中』義例에서는 이 4가지를 대표적으로 설명하고 있다. 이에 관한 자세한 설명은 『주역철학사』(예문서원, 1994)의 '역학의 기초지식' 부분 참조.

15) 『周易折中』에서는 德을 剛柔中正不中正으로 규정한다.

16) 『周易折中』에서는 位를 貴賤上下로 규정하고 있다.

17) 『周易折中』에서는 應을 상하가 서로 대응하고 있는 효[上下體相對應之爻], 比는 위아래 位가 서로 나란히 연결된 효[逐位相比連之爻]로 규정한다.

18) 『周易折中』에서는 時를 消息盈虛로 말하고 있다.

19) 「繫辭上·12」, "極天下之賾者, 存乎卦, 鼓天下之動者, 存乎辭. ……神而明之, 存乎其人, 黙而成之, 不言而信, 存乎德行." 여기서 賾을 주자는 亂雜이라고 풀이하는데 이는 복잡성[亂]과 다양성[雜]을 의미한다.

20) 『誠齋易傳』繫辭上, "易有三, 一曰天易, 二曰竹易, 三曰人易. ……所謂聖人用易之道, 其聚在一身之德行也."

21) 공자의 陳蔡之間의 일화는 『논어』, 『맹자』, 『순자』, 『묵자』, 『장자』, 『여씨춘추』, 『한씨외전』, 『사기』 등에 기록되어 있

다. 그리고 이 일화를 중심으로 장자가 공자의 후예라는 점을 밝힌 좋은 논문이 있다. John Makeham, "Between Chen and Cai : Zhuangzi and the Analects", *Wandering at Ease in the Zhuangzi*(State University of New York Press, 1998)

22) 『說苑』雜言, 임동석, 『설원』(동문선, 1996), 742쪽 참조.
23) 『王弼周易注』困卦 卦辭, "窮必通也, 處窮而不能自通者, 小人也."
24) 『王弼周易注』困卦, "處至困之地, 用謀之時也."
25) 『誠齋易傳』困卦, "信斯言也, 則甘藜羹, 樂陋港, 皆小人矣."
26) 『中庸』14장, "君子素其位而行, 不願乎其外. ……素患難, 行乎患難; 君子無入而不自得焉. 在上位不陵下, 在下位不援上, 正己而不求於人則無怨. 上不怨天, 下不尤人. 故君子居易以俟命, 小人行險以徼幸."
27) 『王弼周易注』困卦, "以斯施人, 物所不堪正之凶也. 以斯修身, 行在無妄, 故得悔亡."
28) 『誠齋易傳』節卦 上六, "以爲眞正之操而不屑一世, 此世之所疾, 故有凶之道焉, 伯夷隘是也."
29) 『誠齋易傳』節卦 上六, "然人苦其苦而己甘其苦, 不怨不懟, 不憾不偷, 又何悔焉, 聖人憫其人而深戒之以凶 ……嗚呼, 上六之道, 其使人悲也."
30) 『二程集』, "君尊臣卑, 天下之常理, 伯夷知守常理, 而不知聖人之變, 故隘.", 217쪽.
31) 『孟子』公孫丑上·9, "伯夷非其君不事, 非其友不友, 不立於惡人之朝, 不與惡人言." 그러나 『莊子』騈拇편에서는 조금 다른 측면에서 백이를 비판한다. 즉, 백이는 명예를 위해서 죽었고 도척은 이욕 때문에 죽었다는 점에서 그들은 동일하게 목숨을 해치고 본성을 상했다[其於殘生傷性均也]는 점에서 비판한다.
32) 『說苑』雜言, 임동석, 『설원』(동문선, 1996), 744쪽 참조.
33) 『史記』伯夷列傳, "或曰'天道無親, 常與善人.……余甚惑焉, 儻所謂天道, 是邪非邪."
34) 『論語』述而, "子曰富而可求也. 雖執鞭之士, 吾亦爲之. 如不可求, 從吾所好." 『史記』의 기록과는 약간의 차이가 있다. 『史記』에는 첫 구절이 '富貴如可求'으로 기록되어 있다.

35) 『說苑』雜言, 임동석, 『설원』(동문선, 1996), 745쪽 참조.

36) 『莊子』에서는 "자신을 올바로 하고 때를 기다릴 뿐이다[正而 待之而已耳]."라고 공자는 말한다.

37) 「繫辭下·7」, "易之興也, 其於中古乎? 作易者, 其有憂患乎? 是故, 履, 德之基也; 謙, 德之柄也; 復, 德之本也; 恆, 德之固 也; 損, 德之修也; 益, 德之裕也; 困, 德之辨也; 井, 德之地也; 巽, 德之制也."

38) 「繫辭上·7」, "夫易, 聖人所以崇德而廣業也. 知崇禮卑, 崇效 天, 卑法地, 天地設位, 而易行乎其中矣."

39) 12개의 괘로 12개월의 음양의 변화를 상징한 괘들을 말한다. 復괘는 11월, 臨괘는 12월, 泰괘는 正월, 大壯괘는 2월, 夬괘 는 3월, 乾괘는 4월로 양이 자라나고[息] 음이 사라지는 것을 상징하고 姤괘는 5월, 遯괘는 6월, 否괘는 7월, 觀괘는 8월, 剝괘는 9월, 坤괘는 10월로 양이 소멸하고[消] 음이 자라나는 것을 상징한다.

40) 『王弼周易注』, 復卦, 彖辭, "復者, 反本之謂也. 天地以本爲心 者也. 凡動息則靜, 靜非對動者也, 語息則黙, 黙非對語者也. 然則天地雖大, 富有萬物, 雷動風行, 運化萬變, 寂然至無, 是 其本矣, 故動息地中, 乃天地之心見也. 若其以有爲心, 則異類 未獲具存矣."

41) 이런 의미에서 왕필은 冬至를 陰之復이라고 하고 夏至를 陽 之復이라고 해석한다.

42) 『王弼老子注』38장, "是以天地雖廣, 以無爲心, 聖王雖大, 以 虛爲主. 故曰以復而視, 則天地之心見, 至日而思之, 則先王之 至覩也. 故滅其私而無其身, 則四海莫不瞻, 遠近莫不至."

43) 『易程傳』復卦 彖辭, "先儒皆以靜爲見天地之心, 蓋不知動之 端, 乃天地之心也."

44) 복괘 괘사는 "復, 亨, 出入無疾, 朋來無咎"이다. 이것을 정이 천은 "미세한 양 기운이 소생하여 성장하는 데 그것에 해를 줄 것은 아무것도 없다. 해를 줄 수가 없으니 그와 같은 종류 의 기운이 점차로 성장하여 형통하고 번성하니 허물이 없다 [出入無疾, 謂微陽生長, 無害之者也. 旣無害之, 而其類漸進 而來, 則將亨盛, 故無咎]."고 해석한다.

45) 「繫辭下·7」, "履, 和而至; 謙, 尊而光; 復, 小而辨於物; 恆, 雜

而不厭; 損, 先難而后易; 益, 長裕而不設; 困, 窮而通; 井, 居
其所而遷. 巽, 稱而隱. 履, 以和行; 謙, 以制禮; 復, 以自知;
恆, 以一德; 損, 以遠害; 益, 以興利; 困, 以寡怨; 井, 以辨義;
巽, 以行權."

46) 이 단락에 나온 不遠復, 休復, 頻復, 中行獨復, 迷復凶이라는
표현은 모두 복괘의 효사들이다. 이는 각각의 위치와 상황과
자질에 따라서 다른 양상으로 드러나는 것을 상징한다.

47) 『莊子』人間世, "汝不知夫養虎者乎? 不敢以生物與之,爲其殺
之之怒也. 不敢以全物與之, 爲其決之之怒也, 時其飢飽,達其
怒心. 虎之與人異類而媚養己者, 順也. ,故其殺之者, 逆也."

48) 『誠齋易傳』, 履卦 象辭, "此下以禮而正上, 上以禮而自正也,
下以禮而正上, 故柔順以格非其心, 和悅以平其威怒, 君一正
而臣不傷."

49) 이러한 점을 리괘 象傳에서는 "眇能視, 不足以有明也, 跛能
履, 不足以與行也, 咥人之凶, 位不當也, 武人爲于大君, 志剛
也."라고 표현한다.

50) 『誠齋易傳』履卦 六三, "君子欲出而有爲, 其亦量其之才而勿
冒其位也哉."

51) 『論語』述而, "……子曰, 暴虎馮河, 死而無悔者, 吾不與也,
必也臨事而懼, 好謀而成者也."

52) 『詩經』小雅·小旻, "不敢暴虎, 不敢馮河, 人知其一, 莫知其
他, 戰戰兢兢, 如臨深淵, 如履薄冰."

53) 『荀子』臣道, "敬人有道, 賢者則貴而敬之, 不肖者則畏而敬之,
賢者則親而敬之, 不肖者則疏而敬之, 其敬一也, 其情二也."

54) 『荀子』臣道, "人賢而不敬, 則是禽獸也, 人不肖而不敬則是
狎虎也, 禽獸則亂, 狎虎則危, 災及其身矣."

55) 『荀子』臣道, "過而通情, 和而無經, 不卹是非, 不論曲直, 偷
合苟容, 迷亂狂生, 夫是之謂禍亂之從聲."

56) 『誠齋易傳』履卦, "以禮制心, 虎豈在外哉?"

57) 정이천은 이 구절을 그 쓰임이 두루두루 넓다[周]는 의미로
풀이했지만 공영달은 왕필의 그 본성을 변화시키지 않는다
[不渝變]는 의미를 취하여 나가고 들어오는 물을 모두 맑고
깨끗하게 해 주면서도 스스로의 맑고 깨끗한 본성을 바꾸지
않는다는 의미로 풀고 있다[井井, 洁靜之貌也, 往者來者, 皆

93

是洁靜, 不以人有往來, 改其洗濯之性], 孔穎達의 『周易正義』
참조.

58) 『誠齋易傳』困卦 卦辭, "然井德盛而功難何也, 求與嗇兩忘,
德也, 惠與怨兩消, 功也."

59) 『老子』9장, "持而盈之, 不如其已. 揣而銳之, 不可長保. 金玉
滿堂, 莫之能守也, 富貴而驕自遺其咎, 功遂身退天之道."

60) 『誠齋易傳』井卦 初六, "居下流, 歸衆惡, 安舊智, 絶新功."

61) 『論語』里仁, "子曰 不患無位 患所以立 不患莫己知 求爲可
知也."

62) 정이천은 이러한 모습을 "處剛而過中, 汲汲於上進." 혹은
"剛而不中, 故切於施爲."라는 말로 표현하고 있다.

63) 『論語』述而, "子謂顏淵曰用之則行, 舍之則藏, 唯我與爾有
是夫!"

64) 『二程集』, "用舍無所預於己, 安於所遇者也. 或曰然則知命矣. 夫
曰安所遇者, 命不足道也. 君子知有命, 故言必曰命. 然而安之不
以命, 知求無益於得而不求者, 非能不求者也", 1144쪽.

65) 『誠齋易傳』井卦 九三, "可食者, 井也. 不食者, 人也. 井何惻
焉, 井不自惻而人之行而過者, 惻之."

66) 나무통[木桶]을 이어 만든 다리를 말한다.

67) 『史記列傳』32권 淮陰侯列傳, "狡兎死, 良狗烹, 高鳥盡, 良
弓藏, 敵國破, 謀臣亡."

68) 『史記列傳』32권 淮陰侯列傳, "假令韓信學道謙讓, 不伐其功,
不矜其能, 則庶幾哉, 於韓家勳可以比周召太公之徒, 後世血食
矣, 不務出此, 而天下已集, 乃謀畔逆, 夷滅宗族, 不亦宜乎!"

69) 『論語』學而, "人不知而不慍, 不亦君子乎."

70) 『莊子』山木, "孔子圍於陳蔡之間, 七日不火食. 大公任往弔
之日: 子幾死乎? 曰:然. 子惡死乎? 曰:然."

71) 『論語』里仁, "朝聞道 夕死 可矣."

72) 『論語』先進, "敢問死 曰未知生 焉知死."

73) 『莊子』山木, "子其意者, 飾知以驚愚, 修身以明汙, 昭昭乎如
揭日月而行, 故不免也."

74) 『論語』陽貨, "子之武城, 聞弦歌之聲, 夫子莞爾而笑曰割鷄
焉用牛刀, 子游對曰 昔者偃也, 聞諸夫子曰君子學道則愛人,
小人, 學道則易使也. 子曰 二三者, 偃之言, 是也. 前言戲之

耳."

75)『論語』泰伯, "子曰 如有周公之才之美 使驕且吝 其餘 不足
觀也已."

76)「繫辭上·2」, "是故君子居則觀其象而玩其辭, 動則觀其變而
玩其占."

77) 이 단락은 내가 자주 가는 인터넷 음악 사이트 마이너블루의
운영자가 라마 규르미(Lama Gyurme)의 앨범에 붙여 놓은 리
뷰를 약간 변형한 것이다. 어느 한 시절, 내가 그 어떤 일도
할 수 없었을 때, 음악에 빠졌었다. 그 무렵 이 사이트를 발
견한 것은 나에겐 하나의 행운이었다. 지금도 라마 규르미의
오퍼링 챈트(Offering Chant)를 들으며 이 글을 쓰고 있다. 운
영자의 리뷰 전문은 다음과 같다. "아무래도 알 수 없는 일이
다. 나는 모든 것을 알고 있지만 도무지 아무것도 알 수가 없
는 것이다. 그것은 희고 투명한 트레이싱 페이퍼 위에 베껴
적은 세계의 필사본 같은 것이다. 이것은 다만 카피일 뿐. 그
리하여 문제는 다시 카피와 본래 진면목의 동일성이다. 나는
한 걸음도 떼어 놓지 못했다. 얼룩진 필사본의 이 페이퍼 경
전을 버리고 어서 뜨겁고 더러운 생사의 경전으로 넘어가야
할 텐데. 나를 용서하라."

주역과 운명

펴낸날	초판 1쇄 2004년 10월 30일
	초판 5쇄 2016년 10월 19일

지은이	심의용
펴낸이	심만수
펴낸곳	(주)살림출판사
출판등록	1989년 11월 1일 제9-210호

주소	경기도 파주시 광인사길 30
전화	031-955-1350 팩스 031-624-1356
홈페이지	http://www.sallimbooks.com
이메일	book@sallimbooks.com

ISBN	978-89-522-0301-4 04080
	978-89-522-0096-9 04080 (세트)

085 책과 세계

강유원(철학자)

책이라는 텍스트는 본래 세계라는 맥락에서 생겨났다. 인류가 남긴 고전의 중요성은 바로 우리가 가 볼 수 없는 세계를 글자라는 매개를 통해서 우리에게 생생하게 전해 주는 것이다. 이 책은 역사라는 시간과 지상이라고 하는 공간 속에 나타났던 텍스트를 통해 고전에 담겨진 사회와 사상을 드러내려 한다.

056 중국의 고구려사 왜곡 eBook

최광식(고려대 한국사학과 교수)

중국의 고구려사 왜곡의 숨은 의도와 논리, 그리고 우리의 대응 방안을 다뤘다. 저자는 동북공정이 국가 차원에서 진행되는 정치적 프로젝트임을 치밀하게 증언한다. 경제적 목적과 영토 확장의 이해관계 등이 복잡하게 얽혀 있는 동북공정의 진정한 배경에 대한 설명, 고구려의 역사적 정체성에 대한 문제, 고구려사 왜곡에 대한 우리의 대처방법 등이 소개된다.

291 프랑스 혁명 eBook

서정복(충남대 사학과 교수)

프랑스 혁명은 시민혁명의 모델이자 근대 시민국가 탄생의 상징이지만, 그 실상을 아는 사람은 많지 않다. 프랑스 혁명이 바스티유 습격 이전에 이미 시작되었으며, 자유와 평등 그리고 공화정의 꽃을 피기 위해 너무 많은 피를 흘렸고, 혁명의 과정에서 해방과 공포가 엇갈리고 있었다는 등의 이야기를 통해 프랑스 혁명의 실상을 소개한다.

139 신용하 교수의 독도 이야기 eBook

신용하(백범학술원 원장)

사학계의 원로이자 독도 관련 연구의 대가인 신용하 교수가 일본의 독도 영토 편입문제를 걱정하며 일반 독자가 읽기 쉽게 쓴 책. 저자는 역사적으로나 국제법상으로 실효적 점유상으로나, 어느 측면에서 보아도 독도는 명백하게 우리 땅이라고 주장하며 여러 가지 역사적인 자료를 제시한다.

144 페르시아 문화

eBook

신규섭(한국외대 연구교수)

인류 최초 문명의 뿌리에서 뻗어 나와 아랍을 넘어 중국, 인도와 파키스탄, 심지어 그리스에까지 흔적을 남긴 페르시아 문화에 대한 개론서. 이 책은 오랫동안 베일에 가려 있던 페르시아 문명을 소개하여 이슬람에 대한 편견과 오해를 바로 잡는다. 이태백이 이란계였다는 사실, 돈황과 서역, 이란의 현대 문화 등이 서술된다.

086 유럽왕실의 탄생

김현수(단국대 역사학과 교수)

인류에게 '예술과 문명' 그리고 '근대와 국가'라는 개념을 선사한 유럽왕실. 유럽왕실의 탄생배경과 그 정체성은 무엇인가? 이 책은 게르만의 한 종족인 프랑크족과 메로빙거 왕조, 프랑스의 카페 왕조, 독일의 작센 왕조, 잉글랜드의 웨섹스 왕조 등 수많은 왕조의 출현과 쇠퇴를 통해 유럽 역사의 변천을 소개한다.

016 이슬람 문화

이희수(한양대 문화인류학과 교수)

이슬람교와 무슬림의 삶, 테러와 팔레스타인 문제 등 이슬람 문화 전반을 다룬 책. 저자는 그들의 멋과 가치관을 흥미롭게 설명하면서 한편으로 오해와 편견에 사로잡혀 있던 시각의 일대 전환을 요구한다. 이슬람교와 기독교의 관계, 무슬림의 삶과 낭만, 이슬람 원리주의와 지하드의 실상, 팔레스타인 분할 과정 등의 내용이 소개된다.

100 여행 이야기

eBook

이진홍(한국외대 강사)

이 책은 여행의 본질 위를 '길거리의 철학자'처럼 편안하게 소요한다. 먼저 여행의 역사를 더듬어 봄으로써 여행이 어떻게 인류역사의 형성과 같이해 왔는지를 생각하고, 다음으로 여행의 사회학적 · 심리학적 의미를 추적함으로써 여행에 어떤 의미를 부여할것인가에 대해 말한다. 또한 우리의 내면과 여행의 관계 정의를 시도한다.

293 문화대혁명 중국 현대사의 트라우마

백승욱(중앙대 사회학과 교수)

중국의 문화대혁명은 한두 줄의 정부 공식 입장을 통해 정리될 수 없는 중대한 사건이다. 20세기 중국의 모든 모순은 사실 문화대혁명 시기에 집약되어 있다고 해도 과언이 아니다. 사회주의 시기의 국가 · 당 · 대중의 모순이라는 문제의 복판에서 문화대혁명을 다시 읽을 필요가 있는 지금, 이 책은 문화대혁명에 대한 안내자가 될 것이다.

174 정치의 원형을 찾아서

최자영(부산외국어대학교 HK교수)

인류가 걸어온 모든 정치체제들을 매우 짧은 기간 동안 시험하고 정비한 나라, 그리스. 이 책은 과두정, 민주정, 참주정 등 고대 그리스의 정치사를 추적하고, 정치가들의 파란만장한 일화 등을 소개하고 있다. 특히 이 책의 저자는 아테네인들이 추구했던 정치방법이 오늘 우리 사회가 당면한 문제를 해결할 수 있는 지혜의 발견에 도움을 줄 수 있을 것이라고 말한다.

420 위대한 도서관 건축순례

최정태(부산대학교 명예교수)

이 책은 도서관의 건축을 중심으로 다룬 일종의 기행문이다. 고대 도서관에서부터 21세기에 완공된 최첨단 도서관까지, 필자는 가능한 많은 도서관을 직접 찾아보려고 애썼다. 미처 방문하지 못한 도서관에 대해서는 문헌과 그림 등 가능한 많은 정보를 수집하려 노력했다. 필자의 단상들을 함께 읽는 동안 우리 사회에서 도서관이 차지하는 의미에 대해 다시 생각하게 된다.

421 아름다운 도서관 오디세이

최정태(부산대학교 명예교수)

이 책은 문헌정보학과에서 자료 조직을 공부하고 평생을 도서관에 몸담았던 한 도서관 애찬가의 고백이다. 필자는 퇴임 후 지금까지 도서관을 돌아다니면서 직접 보고 배운 것이 40여 년 동안 강단과 현장에서 보고 얻은 이야기보다 훨씬 많았다고 말한다. '세계 도서관 여행 가이드'라 불러도 손색없을 만큼 풍부하고 다채로운 내용이 이 한 권에 담겼다.

eBook 표시가 되어있는 도서는 전자책으로 구매가 가능합니다.

㈜살림출판사

www.sallimbooks.com

주소 경기도 파주시 문발동 522-1 | 전화 031-955-1350 | 팩스 031-955-1355